MODERN AVIATION POLICY

ビジネスジェットから見る現代航空政策論

日本での普及に向けた課題

戸崎 肇［著］

Business Jets,
and Issues to be addressed in Japan

晃洋書房

はじめに——ビジネスジェットから見る現代社会論

近年、情報化、国際化は急速に進展している。こうした急激な社会環境の変化は、我々に対して自らに関わるあらゆる環境の見直しを迫るとともに、新たな社会インフラの整備を進めていくことを迫っている。

その1つの重要な分野がビジネスジェットである。ビジネスジェットの重要性は世界的には十分に認識されており、それが効率よく有効に機能するための基盤整備が行われている。こうした状況は、日本の周辺国である中国、韓国などアジア諸国においても同様である。しかしながら、日本ではまだビジネスジェットの社会的重要性が理解されておらず、ビジネスジェットに対する誤解が広く残存している。そのため、国がその成長戦略の1つにビジネスジェットの推進を明確に位置付けているにもかかわらず、その普及はほとんど進んでいないといっていい状態にとどまっている。本書では、これからの日本にとってビジネスジェットの普及が極めて重要であるという観点から、それではなぜビジネスジェットが今後の日本の成長にとって重要なのか、また、日本において今後ビジネスジェットを普及させていくためにはどのような取り組みが必要なのかについて考えていく。そして、その過程において、現今、日本が直面している様々な社会的問題についても合わせて考察していくことにする。したがって、本書は、ビジネスジェットを通して日本社会の今後を展望することを目指しており、単なるビジネスジェットの紹介本ではないということを強調しておきたい。

目　次

はじめに――ビジネスジェットから見る現代社会論

第1章　なぜ今、ビジネスジェットなのか――1
ビジネスジェットの今日的重要性

1　日本の観光政策の転換　(1)
（1）以前の「観光」に対する低評価
（2）バブル経済の崩壊による観光政策の見直し
（3）インバウンド重視への転換
（4）近年の観光を取り巻く環境の変化

2　日本の空港事情がもたらす問題　(7)
（1）首都圏空港の状況
（2）関西圏の空港事情
（3）その他大都市圏の空港事情

3　地方のインバウンドに対する取り組み　(16)

4　観光をめぐる人的問題　(17)

パイロットの2030年問題
5 オーバーツーリズムの問題 (21)
6 富裕層をターゲットにすることの重要性 (23)
7 MICE (25)

第2章 ビジネスジェットとは ―― 29

1 ビジネスジェットの定義 (29)
2 ビジネスジェットの性能 (32)
3 ビジネスジェットがもつ利便性・効果について (33)
(1) 機動性
(2) 時間価値の最大化
(3) 移動中の時間の効果的な活用
(4) 企業の生産性を向上させる効果
(5) ビジネスジェットを利用することから得られる周りからの信頼感
(6) ビジネスジェットに関連する事業による経済効果
4 ビジネスジェットのメーカー (46)
(1) ガルフストリーム・エアロスペース
(2) ダッソー
(3) エアバス

（4）ボンバルディア
（5）リア・ジェット
（6）セスナ・エアクラフト・カンパニー
（7）ホンダ・ビジネスジェット

第3章　世界のビジネスジェットをめぐる状況 ―――― 54

1　国別のビジネスジェットの状況　（54）
（1）アメリカ
①なぜアメリカでビジネスジェットが誕生したのか／②ハブ・アンド・スポークシステムからの脱却／③アメリカにおけるビジネスジェットの優位性／④アメリカにおける空港環境
（2）ヨーロッパ
①ヨーロッパにおける航空政策の歴史的展開／②欧米の航空を取り巻く環境の違い／③ヨーロッパにおける航空政策自由化の進展／④ヨーロッパにおける歴史性
（3）中国
①中国の急激な経済発展と富裕層の増大／②中国におけるビジネスジェット市場の発達／③中国におけるビジネスジェットのインフラ整備／④今後の懸念材料／⑤中国における空港政策の転換
（4）香港

（5）マカオ
（6）シンガポール
（7）中東
2　ビジネスジェットに関する国際団体　（88）
（1）NBAA（National Business Aviation Association）
（2）EBAA（European Business Aviation Association）

第4章　日本のビジネスジェットをめぐる現状と課題 ―― 96
1　日本におけるビジネスジェットの評価　（96）
2　ゴーン氏の国外脱出がもたらしたもの　（97）
3　ビジネスジェットに求められる人材　（101）
4　日本ではなぜビジネスジェットが普及しないのか　（102）
（1）高い保有コスト
（2）格納庫の不足の問題
（3）カボタージュライトについて
（4）平等主義的考え方
（5）技術規制上の問題
（6）空港における課題
（7）墜落事故による小型機の安全性に対する社会的不安感の存在

（8）乗員の不足
①航空大学校の定員増加／②自衛隊のパイロットからの転職／③外国人パイロットの採用／④航空会社の行う自社養成／⑤大学におけるパイロット養成コース

第5章　日本の大手航空会社、および空港のビジネスジェットに対する成長戦略 ―― 148
1　大手航空会社の動き　（148）
（1）JALの場合
（2）ANAの場合
2　空　港　（153）
（1）成田空港
（2）羽田空港
（3）名古屋の空港
（4）神戸空港
（5）静岡富士山空港

第6章　ビジネスジェットを国家成長戦略の中に位置付けるには ―― 167
1　アウトバウンドの振興と起業家精神の育成　（168）
2　シニア層の取り込み　（171）

3　ＭＩＣＥの振興とＩＲの可能性（172）
4　ホンダ・ビジネスジェット（179）
5　ビジネスジェットをはじめとする新たな社会インフラに対する投資環境の整備（183）
6　ＭＲＪ（三菱リージョナルジェット）支援のための航空法の改正、および
　　それに関連するビジネスジェットに関わる法整備見直しの強化（185）
7　木更津空港の可能性（186）

おわりに（191）
参考文献（192）
索　引（193）

第1章　なぜ今、ビジネスジェットなのか

ビジネスジェットの今日的重要性

ビジネスジェットは日本だけではなく、世界的に見ても、今後その経済的効用が大いに期待されている成長産業分野である。しかるに、現在の日本においては、ビジネスジェットは特殊なものであるという認識が一般的であり、これといった関心を集めてはいない。しかし、ビジネスジェットの今日的重要性は日本においても確実に高まっているのであり、こうした状況を早急に改善しなければ、高齢化や人口減少など様々な深刻な問題を抱える日本は、将来に明るい展望を見出すことはできないだろう。

1　日本の観光政策の転換

ビジネスジェットの重要性が昨今日本で高まっていることの1つの背景として、近年における日本の観光政策の大きな転換がある。

(1) 以前の「観光」に対する低評価

日本は、1990年代に至るまで、観光政策にあまり力を入れてこなかった。明治に入ると、殖産興

業の掛け声とともに、製造業を中心に汗水たらして懸命に働くことが美徳とされ、社会的に評価されてきた。それに対して、観光のような余暇を扱う産業は二次的なものとみなされ、重視されてこなかった。高度経済成長期などは、まさにそうした状況が顕示的に現れた時期であるといえよう。

(2) バブル経済の崩壊による観光政策の見直し

しかし、1980年代半ばに発生したバブル経済が1990年初頭に崩壊し、それまで日本の経済競争力の根源となってきたとされた終身雇用制や年功序列制といった日本型経営システムと呼ばれたものが崩れていく中で、仕事中心、会社中心の人生の過ごし方、つまりライフスタイルに疑問が呈せられるようになった。そして、より自分らしい生き方を目指し、QOL(Quality of Life:生活の質)という考え方が一般化していく。

また、1985年のプラザ合意によって円高に誘導されて以降、円高基調が続き、日本の製造業は国際競争力を低下させ、海外にその生産拠点を移していった。同時に機械投資などによる合理化も進められ、それまで日本の雇用を多く受け入れてきた製造業の雇用吸収力が急速に低下していった。

そこで見直されるようになったのがサービス業を中心とする第三次産業である。サービス業は、人間の感性を基盤として付加価値を創造していく世界であり、機械化だけによっては十分な競争力を形成することができない分野である。そうであるからこそ、サービス業は高い雇用吸収力をもつ。

経済理論においても、国が経済成長を遂げていくと、社会における産業構造は、自然を直接相手にする農業、漁業、水産業、鉱業といった第一次産業から、工業である第二次産業、そしてサービス業を中心とする第三次産業へと構成比が移り変わっていくとされている(このような変化を「産業の高度化」という)。

そこで、日本でもバブル経済崩壊後に、産業育成・政策としてサービス業に注目が集まるようになり、観光産業もその流れの中で再評価されていくことになる。

(3) インバウンド重視への転換

また、バブル経済が崩壊する前の1980年代あたりから、すでに様々な観光政策が打ち出されていくが、それは主に日本人を対象としたものであり、日本人の国内旅行、日本人の海外旅行を促そうというものであった。特に日本人の海外旅行(アウトバウンド)を促そうという背景には、日米の貿易摩擦も存在していた。日本は対アメリカにおいて大きな貿易黒字を上げ、アメリカ側からは日本は不公正な貿易を行っているとの批判を受けていた。そこで、そうした批判を和らげるため、少しでも経常黒字の額を減らす手段の1つとしてアウトバウンドの促進が考えられたのだ。つまり、日本人が海外に旅行し、そこでお金を使えば、それは旅行収支上赤字として計上され、経常収支を押し下げる効果をもつのである。当時のアウトバンド振興は、単なる観光政策以上の意味合いを持っていたのだ。

これに対して海外から日本を訪れるインバウンド旅客の誘致については、消極的な姿勢が一般的であった。それは、言葉の問題から、インバウンド旅行客を迎える際のコミュニケーションに不安があり、どうしたらよいかわからないといった根本的な面もあるが、外国人が国内に増えることによって犯罪の発生件数が増えるなどして治安が悪化するのではないかという懸念も表明されていたからである。

しかしながら、国の成長戦略も新たなものとなり、それに伴って観光戦略も大きな転換を見ることになる。

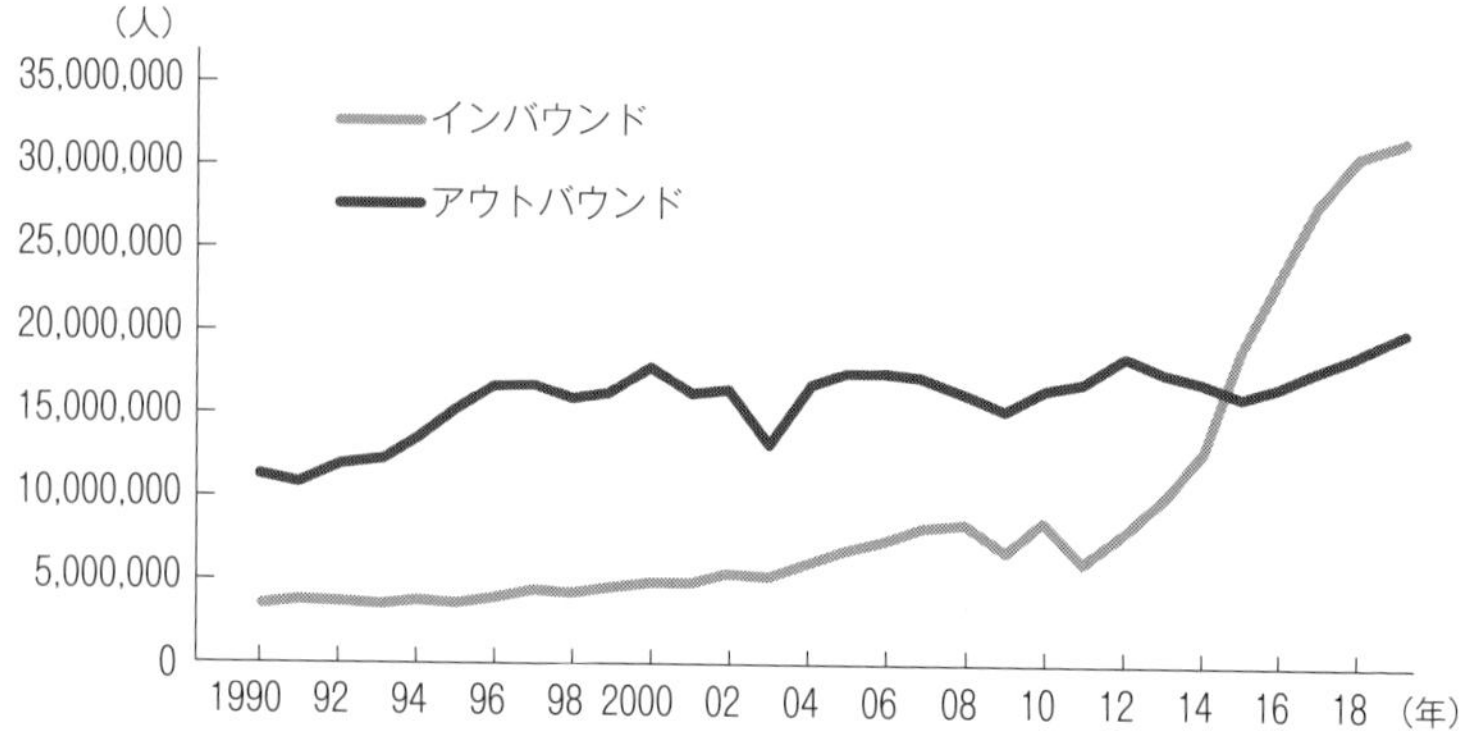

図1－1　日本の観光インバウンドとアウトバウンド　旅客数の推移

（出典）観光庁公表資料にもとづき筆者作成。

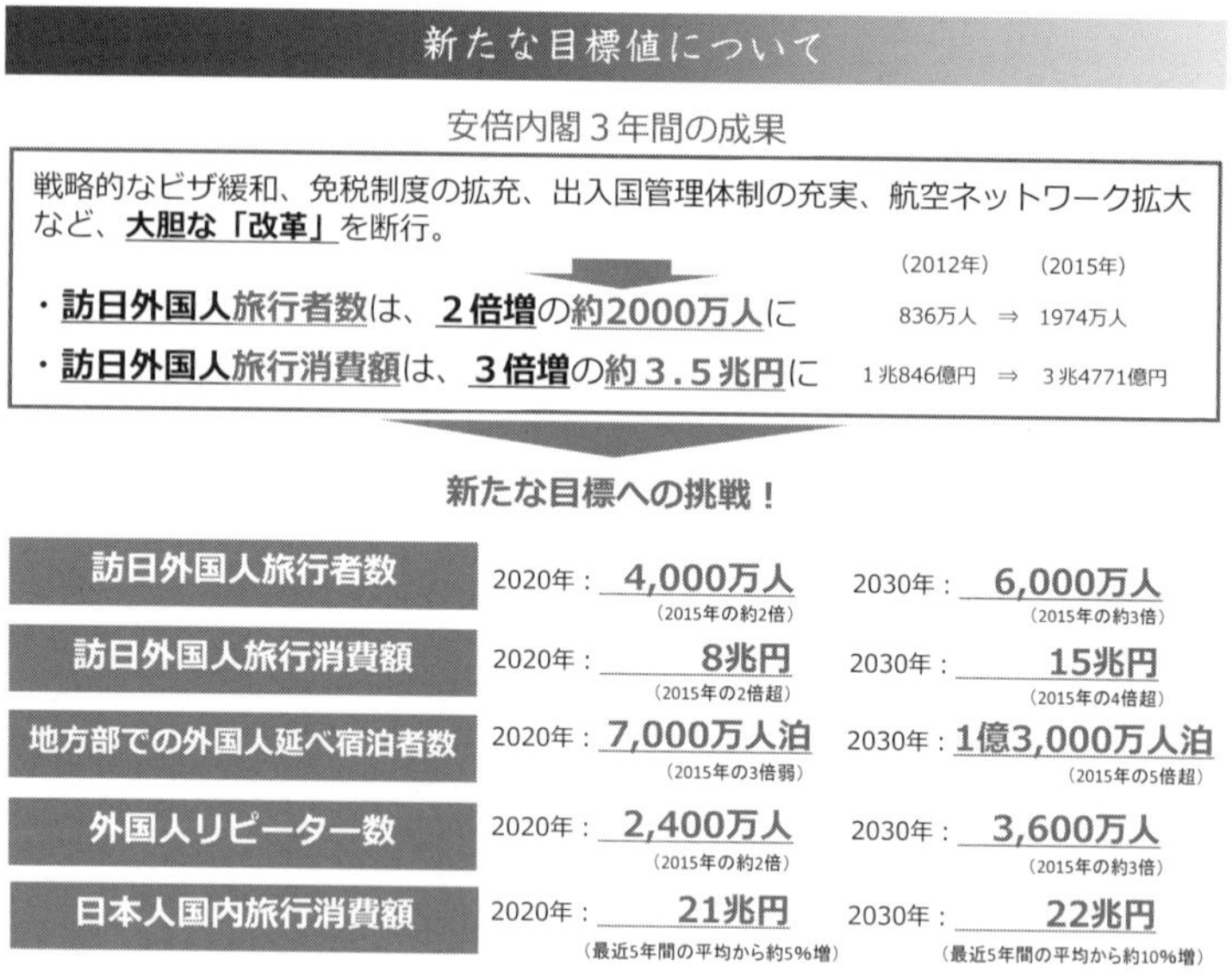

新たな目標値について
安倍内閣３年間の成果
戦略的なビザ緩和、免税制度の拡充、出入国管理体制の充実、航空ネットワーク拡大など、大胆な「改革」を断行。
（2012年）（2015年）
・訪日外国人旅行者数は、２倍増の約2000万人に
836万人 ⇒ 1974万人
・訪日外国人旅行消費額は、３倍増の約３.５兆円に
１兆846億円 ⇒ ３兆4771億円
新たな目標への挑戦！
訪日外国人旅行者数
2020年：4,000万人
（2015年の約2倍）
2030年：6,000万人
（2015年の約3倍）
訪日外国人旅行消費額
2020年：8兆円
（2015年の2倍超）
2030年：15兆円
（2015年の4倍超）
地方部での外国人延べ宿泊者数
2020年：7,000万人泊
（2015年の3倍弱）
2030年：1億3,000万人泊
（2015年の5倍超）
外国人リピーター数
2020年：2,400万人
（2015年の約2倍）
2030年：3,600万人
（2015年の約3倍）
日本人国内旅行消費額
2020年：21兆円
（最近5年間の平均から約5%増）
2030年：22兆円
（最近5年間の平均から約10%増）

図１－２　政府の「明日の日本を支える観光ビジョン」より（2016年３月30日策定）

（出典）国土交通省、観光庁資料。

２０００年代に入り、日本は国の成長戦略の１つの大きな柱として観光振興を位置付け、その推進に努めてきた。そして、その具体的成果が、２０１２年以降、ビザの発給条件を大幅に緩和することで現れた。周辺アジア諸国から日本を訪れる観光客（インバウンド）の数が毎年約４００万人増加するようになり、２０１８年暦年では、３１１９万人ものインバウンドを迎えるまでになった。なお、この２０１２年は「ＬＣＣ元年」とも呼ばれ、日本にもピーチアビエーションやジェットスター・ジャパン、そしてエアアジア・ジャパンといったＬＣＣが国内市場への参入を果たし、国内旅行も促進されていく起点となった年である。

一昔前であれば、インバウンドの数がアウトバウンドの数を超えるなどとは、ほとんどの専門家は考えていなかった。時にそのような展望が示されても、あまりにも楽観的であるとして、重視されることはなかった。しかし、実際には、２０１３年以降の状況は、アウトバウンドの伸びはインバウンドの伸びを大きく上回り、その差は開くばかりとなっていった。

政府は観光政策の達成目標として、当初、２０２０年には３０００万人、２０３０年には６０００万人のインバウンド観光客を迎えるという目標を掲げていた。しかし、その計画はかなり前倒しで達成されることになってしまったので、その目標期限前に目標を見直し、新たに２０２０年には４０００万人、２０３０年には６０００万人のインバウンド誘致を掲げることになった。

（４）近年の観光を取り巻く環境の変化

ところが、近年は、大型台風の度重なる来襲や地震等、自然災害のために、インバウンド旅客の数が前年対比で減少する月が出てきた。

２０１９年には日韓関係の悪化によって韓国からのインバウンド旅客の数が減少し、韓国からのインバウンド旅客によって経営を支えてきた地方のホテルや旅館などは大きな痛手を被った。また、香港でも中国本土への逃亡犯引渡条例の改正案が提出されたことから、香港の自治を保証している一国二制度の前提が崩れるのではないかとの危機感から抗議行動が起こり、それが大規模な反政府デモへと発展していった。空港がデモ隊によって占拠されたり、目抜き道路がふさがれたりして市民の日常生活にも支障をきたすまでの状況となった。これによって香港への渡航者、香港からのインバウンド旅行者の数も減少した。その結果、２０１９年のインバウンド旅客数は３１８８万人と、前年の３１１９万人からわずか2％強の増加にとどまった。

こうした状況を受け、ＪＴＢは２０２０年のインバウンド旅客数を３４００万人強と予測した。４０００万人という政府目標には達しないだろうと、日本最大の旅行会社が予測したことの意味は重い。その一方で、こうした事態にありながらも、２０２０年には東京オリンピックが開催されることもあり、これ以上の非常事態が起こらない限り、なんとか目標を達成することができるのではないかと望みをつなぐ向きもあった。

しかし、２０２０年に入り、そのまさかの非常事態が発生した。新型コロナウイルスの発生感染拡大である。中国の武漢市に端を発した新型コロナウイルスの発生は、ちょうど中国の春節の時期の直前であったことから、中国国内において急速に感染が拡大し、さらには国外へと広まっていった。こうした事態を受け、東京オリンピックの開催を1年間遅らせるまでに至っている。

新型コロナウイルスの問題は、これまで「あまりにも」順調に推移してきたインバウンド誘致の政策について、改めて見直すいい機会ともいえるかもしれない。

2　日本の空港事情がもたらす問題

新型コロナウイルスの問題が収束し、日韓関係などが改善されれば、2025年には大阪で万国博覧会が開かれることもあり、この先、インバウンドが再び急速に増加する要因は多く存在する。しかしながら、それに対するボトルネックもいくつか存在している。

たとえば、そのうちの最大ともいえるボトルネックは、物理的制約として、日本では首都圏を中心に空港での受け入れ容量に限界がきていることである。この問題については、一般的にはまだまだ十分に認識されていないが、是非とも注目しなければならない。

(1) 首都圏空港の状況

日本の空の表玄関である羽田空港は、非常に多くの飛行機が離発着しており、すでに供給制約の状況にある。航空会社が飛行機を離発着させることができる権利を発着枠というが、それが不足しているのである。周辺アジア諸国の巨大な空港に比べ、羽田空港は都心部に近いという利点はあるものの、もともと土地が狭いという特性、そして「民主主義の国家として」騒音にも十分な配慮をしなければならないという事情がある。そこで東京オリンピックを控えて羽田空港の発着枠を増加させるために、これまで航空ルートとして開放してこなかった首都圏上空を飛ばす新しい飛行ルートを開設しようとした。しかし、騒音や飛行機からの落下物の危険性を懸念する住民もかなり存在しており、なかなか周辺住民と

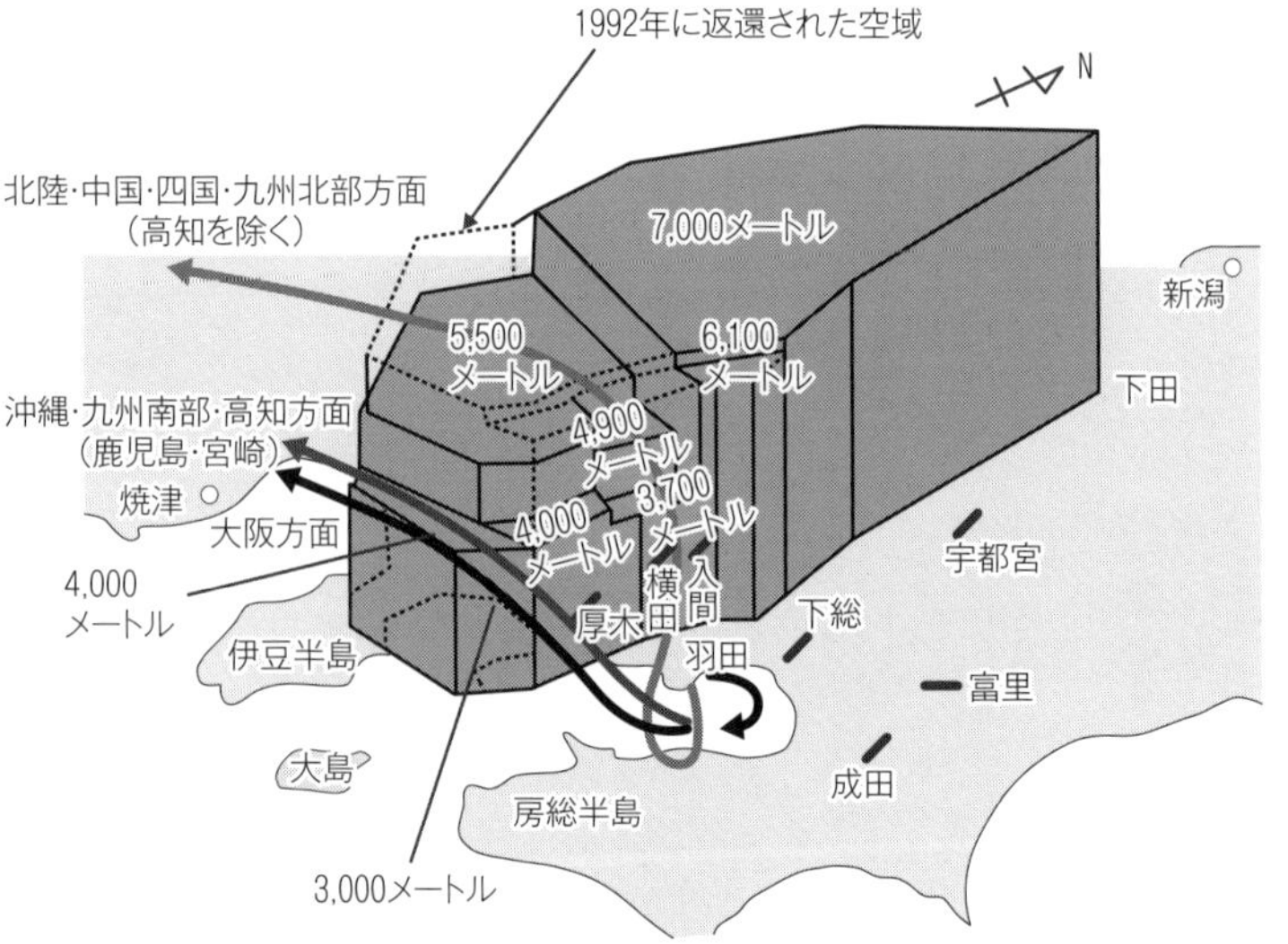

図１－３　横田空域

（出典）東京都知事本部企画調整部基地対策担当編『東京都の米軍基地対策』平成13年〈http://www.chijihonbu.metro.tokyo.jp/kiti/index.htm〉

の合意形成に至らず、交渉はスムーズには進んでこなかった（しかし、最終的には何とか合意にこぎつけ、２０２０年３月から運用を開始した）。

それに、何よりも羽田空域に隣接して米軍横田基地が存在し、その上の空域を日本の航空機が通過することはできない。このことが首都圏の空港容量を増加させるうえで最大の障害となっており、その領域を迂回して飛行しなければならず、その分余計な時間がかかるため、せっかく飛行機で移動して時間価値を高めようとしても、その価値を減じてしまうことになってしまっている。

横田空域に関しては、吉田敏浩『横田空域』（角川新書、２０１９年２月）で詳しく論じられている。この本において、吉田氏は、横田空域は日米地位協定に基づくものであり、正式な法手続きなしに設定、運用されている実態を詳細に検証している。

東京都などでは、同空域の返還をアメリカ政府に求めようと積極的に動こうとする向きもあるが、中央政府レベルではそうした動きはなかなか見ることができない。それだけ日米両国政府にとってはナーバスな問題であるのだ。米軍にとってみれば、日本の首都にこれほど近いところに自らのベースをもつことのメリットは計り知れないものであろうことは十分に推察される。このことから鑑みるに、たとえ日本の他の地域における米軍基地を返還したとしても、横田基地だけは最後の最後まで死守しようとするだろう。したがって、日本の航空行政は、今後も横田基地の存在を前提とした上で行われていかなければならない。

首都圏空港として羽田空港と補完的な関係にある成田空港に関しても、物理的というよりも、歴史的経緯のために発着枠をめぐる供給体制は十全であるとはいえない。

成田空港は、そもそも開港以来、日本の表玄関として国際線、国内線の両面において航空のベースとなってきた羽田空港が、日本経済の急速な発展とともに航空需要が激増し、それ単独では航空需要に対応できなくなったため、新たに国際線を中心とした空港を建設しようということから生まれてきた空港である。

しかし、その候補地の選定をめぐって、地元住民との間で十分な合意形成がなされないまま空港建設が進められたとして、そのことに抗議する地元の農家の人たちが闘争手段に訴えた。また、この時期は学生運動が日米安保条約の改定によって退潮し、学生運動の活動家たちが新たな活動の目的を求めていた時期である。そして、それが成田運動になだれ込む形で学生運動の活動家たちによって闘争が組織化地域からの要望を踏まえつつ、成田空港の国際競争力の確保と地域住民の生活環境の保全の両立を図る観点から、飛行経路下における静穏時間を6時間確保できるよう配慮して、以下の見直しを行う。

【C滑走路供用までの当面の間】

- **A滑走路において**、先行して追加の防音工事等環境対策を講じつつ、3時間の延長案を改め**1時間延長し、**運用時間を**6時から0時まで**とする。（ただし、0時から0時30分までの30分間は弾力的運用※を行う。）
- 2020年東京オリンピック・パラリンピック競技大会の開催までに実施する。

【C滑走路供用後】

- 滑走路別に異なる運用時間を採用する**「スライド運用」を導入**し、飛行経路下における6時間の静穏時間を確保した上で、空港全体としての運用時間は**5時から0時30分まで**とする。（ただし、0時30分から1時までの30分間は弾力的運用を行う。）

※ やむを得ない事由により通常の運航に影響を及ぼすこととなった航空機に限って離着陸が認められる制度

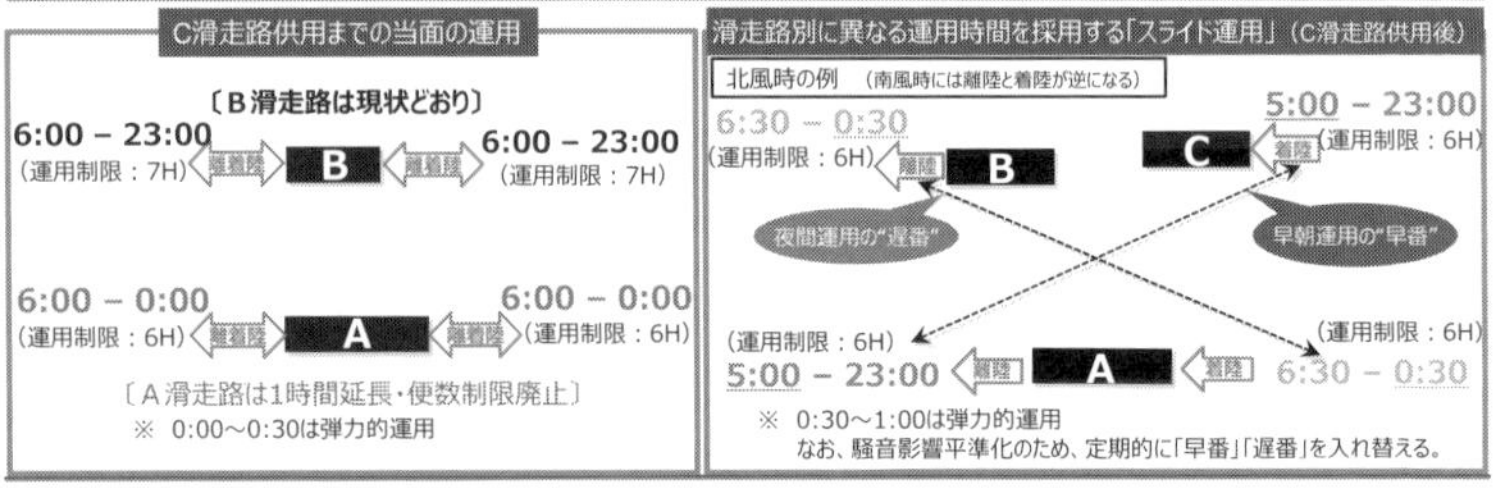

図1－4　夜間飛行制限の緩和に関する見直し案（運用時間）

（出典）成田空港株式会社。

されていき、成田空港の建設反対運動は過激なものとなっていった。

こうした複雑な歴史的経緯をもつ空港だけに、開港後も様々な制約を課されてきた。その代表的なものが夜間の離発着制限である。これは今日に至るまで段階的に緩和されてきているものの、現在も存続している。そのため、逆にいえばこの離発着制限がさらに緩和、そして最終的に撤廃されれば、成田空港の発着容量はまだまだ増加させる余地がある。

現在、成田空港は、２０３０年までの供用開始を目指して第３滑走路（３５００ｍ）の建設を計画している。これについては大きな反対の動きは現れていない。

成田空港をめぐる別の問題としては、首都圏からの成田空港利用者を迎え入れ、その通過需要において大きな経済効果を得ている成田空港の西側の地域と、空港を隔ててその反対側に位置し、空港への動線がなく、成田空港の存在からほとんど何のメリットも得られていない地域との格差の問題がある。この「不公平感」をどのように埋めるかも、空港運営会社にとっては大きな問題となってきた。この1つの方法として採られたのが芝山鉄道の建設である。芝山鉄道は、わずか2・2㎞の単線であり、駅も2つしかない日本一短い鉄道である。成田空港の東側、つまりこれまで成田空港の恩恵を受けてこなかった地域に敷設したものであり、地域におけるその直接的な必要性については大いに疑問が残るものであるが、当該地域にお金を落とすという意味では、成田空港会社にとっては重要な意味をもつ事業であった。

そして第三滑走路は、この東側に用地を確保し、建設を予定しているものである。こうして考えてくると、地元からの反対の動きが出てこないのもうなずけるであろう。とはいえ、依然として、夜間早朝の運用制限の問題や、いまだ空港敷地内に空港の存在に反対する人々のシンボル的な拠点となっている民家が残されており、これをどうするかといったことなど、いくつかの課題が解決されないままとなっている。

(2) 関西圏の空港事情

関西では伊丹空港の供給力が限界に来ている。

伊丹空港はそもそも騒音の問題を抱え、周辺住民との間で激しいやりとりが行われ、激しい法廷闘争も行われてきた経緯がある。そういう背景もあり、関西国際空港が開港される際には、伊丹空港は廃港とすることが予定されていた。そして、実際に空港の跡地利用のプランまで立てられていたのだ。

しかし、いざ伊丹空港を廃港するというプランが明らかになってしまうと、今度は伊丹空港の周辺地域の住人が、自分たちの住む地域の経済が衰退することを恐れて、地元住民の側から伊丹空港の廃港を阻止しようという運動が行われるようになった。これは劇的な情勢の転換であり、それまで伊丹空港の存在を否定していた人がほとんどといっていいほど存続派に回り、伊丹空港の存在に反対する人々の比率は全体の数パーセントにまでなったと、当時の地元の国会議員から直接伺った。

こうした経緯は、ちょうど羽田空港が再国際化された際に、すでに述べたように、成田空港周辺住民の側に従来とは違う動き、すなわち、それまで成田空港の運用時間をできるだけ制限しようという動きから、羽田空港に需要をもっていかれるのを警戒して、運用時間の緩和に向けてむしろ積極的に地元住民の側から動き出したのと同じ構図である。

事実として、伊丹空港は関西国際空港よりも大阪都心部に近く利便性がよい。伊丹空港の存続が決まってからは、関西国際空港の開港後も伊丹空港にモノレールが乗り入れてアクセス面において大幅な改善が見られたし、都心に向かう高速道路の入り口も空港からすぐのところに設けられた。したがって、大阪に飛行機で移動する場合には、ビジネスを中心に伊丹空港が選択されることが多い。

しかし、伊丹空港は大阪都心部に近く、また住宅地に隣接しているため、面積をこれ以上拡張する余地はない。そのため、空港としての供給量をこれ以上増やすことは極めて難しい状況にある。この点において、後に詳しく考察するように、その貴重な発着枠をより収益性の高い利用手段に割り当て、空港としての経営力を強化するために、伊丹空港も積極的にビジネスジェットの受け入れを考えるべき段階に至っていると思われる。

一方、関西国際空港についてはまだ供給力において余力があるものの、大阪都心から離れているという点で少しハンディキャップがある。アクセスに時間がかかるということは、実際に移動するためのお金もかかるということでもある。

海上に埋め立てた空港ということからもたらされる問題もある。その1つは空港敷地下の海底の地盤が弱く、地盤沈下が計画段階の想定よりもはるかに進んでいるということである。一時はかなりの地盤沈下が起きたことの影響により滑走路にひびが入ったという報道までなされた。

また、台風などの自然災害という運用上のリスクもある。実際、2018年の台風21号の来襲時には、空港と本土を結ぶ連絡橋が強風によって閉鎖され、鉄道ないし車での行き来ができなくなり、空港島に多数の旅客、並びに空港関係者が孤立した。このようなリスクも存在しているのだ(1)。

ちなみに成田空港も、2019年9月、台風15号の影響で、1万人を超える人々が空港内に足止めされている。日本には、海に面した、あるいは海を埋め立てた土地の上に建設された空港が多い。それは、陸地では騒音などの問題があって、周辺住民から、空港建設に関する合意形成を得にくいという事情があるからであった（また、内陸部の場合、建設予定地に希少な動植物や歴史的遺構の存在が建設過程で明らかになることがある。そうすると工事を中止し、場合によっては建設そのものを断念しなければならなくなることもある。こうしたリスクがあることからも、内陸部における空港建設については慎重にならざるを得ない）。沿岸、あるいは海上に建設する場合でも、周辺漁民に対する漁業権の補償といった問題があるが、大規模空港を建設しようとする場合、内陸部よりも沿岸部、海上にその候補地を求める方が多い。たとえば、関西国際空港、中部国際空港、神戸空港、長崎空港、那覇空港、といったようなところである。

東日本大震災以降、臨海空港に対しては、台風など自然災害に対する対策を講じるように政府からも指令が出ていたが(2)、臨海空港だけでなく、成田空港や北海道の千歳空港、そして広島空港（広島空港も台風の来襲によって高速道路などのアクセスが不通となり、陸の孤島と化した）のような内陸にある空港でも、アクセス手段が限られている場合などには状況によって孤立化する恐れがあり、防災対策を進めていく必要がある。

（3）その他大都市圏の空港事情

福岡空港では、2024年度の完成を目指して第2滑走路（2500m）の建設が計画されている。同空港の現状は完全に満杯状態で遅延がほぼ常態化しているといってもよいほどである。また、沖縄の那覇空港も福岡空港と同様に完全に供給が需要に追い付いていなかったが、2020年3月から第2滑走路（2700m）が供用開始された。これまで、国内線において遅延が生じやすくなっているのは、羽田空港、そして福岡空港、那覇空港におけるこうした過密状態によるものであった。両空港の新滑走路の供用開始によって、日本の空港の供用体制は、国全体としては強化されるが(3)、それが首都圏に集中した需要を分散できるかどうかはまた別の問題となってくる。そこでは、首都圏から地方に航空需要を分散させるためのより積極的で効果的な誘導政策の実施が必要である。

その一環として、国は全国の地方空港に対してインバウンド旅客の受け入れに力を入れるように促し、その努力の度合いに応じた補助金を交付して、取り組みにインセンティブを与える政策を近年導入した。具体的には、それぞれの空港が、海外のどのような国に対してどのようなマーケティングを行っているのか、そしてその結果としてどのような成果が得られたのかを毎年報告させ、その評価によって助成の面で差をつけるようにしている。

この政策に対して各空港は真摯に取り組み、県などの地方自治体と連携して海外に自分たちの空港を売り込むという「エアポート・セールス」を行うなど、多大な努力を払っていることは確かである。ただ、その取り組みを横並びで評価してみると、どの空港の取り組みもどうしても同じようなものに見えてしまうのも事実である。

具体的には、どこもLCCの誘致に主力を置いていること、その必然的な結果と言えるが、ターゲットとなる国は、近隣諸国である中国、韓国、台湾、香港になっていることである。これらの国は現在すでに訪日旅客数において上位4位までを占めている国・地域であり、今後もその数が増えていく余地はまだ十分あるものの、イベントリスクも高い地域である。リスク分散という意味からも、また新たなディスティネーションの開拓という意味でも、これらの国・地域以外の開拓を目指してほしいところである。事実、中国も韓国も政治的リスクによって需要が大きく変動しやすいし、香港に関しても2019年後半に起こった民主化運動による空港での占拠行動などによって旅客動向に大きなマイナスの影響が出ている。また先述のように、2020年の新型コロナウイルスによる打撃は壊滅的なものとなった。台湾に関しては、政治的なイベントリスクは低く、親日的であるということから、日本国内のどの空港も台湾からの誘客に力を入れている。そして台湾ではLCCが乱立状態であり、LCCを誘致しやすいということもある。しかし、その結果、たとえば隣接する県の空港間において台湾からの旅客を取り合うことで、片方の空港の需要が増えても、もう片方の空港の需要がそれによって減少するなど、いわゆる「ゼロサム・ゲーム」(4)になってしまっている。また、こうした地域のLCCは過当競争の状況にあり倒産のリスクもある。そうなると、ターゲットは日本からより離れた国・地域となるため、LCCではなく、FSC（フル・サービス・キャリア：JALやANAのような伝統的な航空会社）を相手に交渉を進める必要がある。したがって、空港を経営する側に、より航空輸送に関する専門性が求められる。また、LCCは、補助金の交付などによってFSCよりも誘致はしやすいものの、事前想定に比べて需要が振るわない場合や、自然災害によって需要が急になくなった場合などに撤退する決断も早いことも空港側はより深く理解しておく必要がある。

3　地方のインバウンドに対する取り組み

また、地方のインバウンド誘致に関しては、それを実行するための組織として、観光庁の主導の下に、ＤＭＯ（Desitination Management Organization）が組織されてきた。それぞれの地域における観光関連の組織が連携して、インバウンド旅客を中心に観光客の誘致のための取り組みを進めるための組織体である。その構成員となるものはそれぞれのＤＭＯによって違っているが、概ね当地の観光に関する公的機関、旅行会社、バス会社や、旅館などの宿泊業者が参加していることが多い。インバウンドを対象とするのであれば、空港会社が入っているのが自然であるが、そのようなＤＭＯはあまり聞かない。

ＤＭＯに期待されているのは、本来お互いに関係性が高いにもかかわらず、これまで連携がうまくとれず、ばらばらに商品やサービスを観光客に対して提供してきた体制を改め、地域の中で関係者が連携して、高度で付加価値の高い商品、サービスを観光客に提供することで、観光客の満足度を高め、消費を促進して経済効果を高めると同時に、リピーターを増やすことである。

また、従来のように、地域の側がいいと思う商品やサービスを観光客に対して提供するという姿勢から、観光客の視点にたち、観光客が本当に望むような商品やサービスを提供しようとする姿勢への転換が必要である。前者のような姿勢を「プロダクト・アウト」、後者のような姿勢を「マーケット・イン」という。「プロダクト・アウト」から「マーケット・イン」への発想の転換が、現在強く求められている。

観光庁は、ＤＭＯの数を増やすべく取り組んでいるが、組織されたＤＭＯの活動実績としては、現時点ではあまり芳しいものとはいえない状況にある。

先に触れたように、空港など、重要なプライヤーが参加していないことがあること、関係する組織の間での牽制など、利害調整の場となりかねないこと、そして、何よりも補助金が出ているから組織化しているだけであって、補助金の交付がなくなったら瓦解する可能性のあるところが多いことである。

こうした現状から、ＤＭＯの形をとらず、あえてＤＭＣ（Destination Management Company）の形をとるところが出てきた。収益を上げるという目標を明確化し、取り組みに真剣さをもたせようという意図である。今後は、ＤＭＣの活躍に期待したい。

4　観光をめぐる人的問題

このように、ハード面を中心にインバウンドの受け入れ体制の強化が進められてはいるものの、他方、人的側面を中心に受け入れ体制のさらなる問題が顕在化してきている。

たとえばパイロット不足の問題がある。アジアを中心に近年急激に航空需要が高まっている。しかし、パイロットの育成にはかなりの時間がかかる。その結果、パイロット不足の問題が深刻になっている。

航空会社間でパイロットの争奪戦が起きており、航空輸送体制全体の供給量を増大させるうえでのボトルネックとなっている。このことは一般的にはあまり知られてはいないが、航空整備士においても同じである。整備士の育成にも長い時間が必要である。熟練した航空整備士の不足は、運航の安全性を保証する上で大いに懸念されるところである。

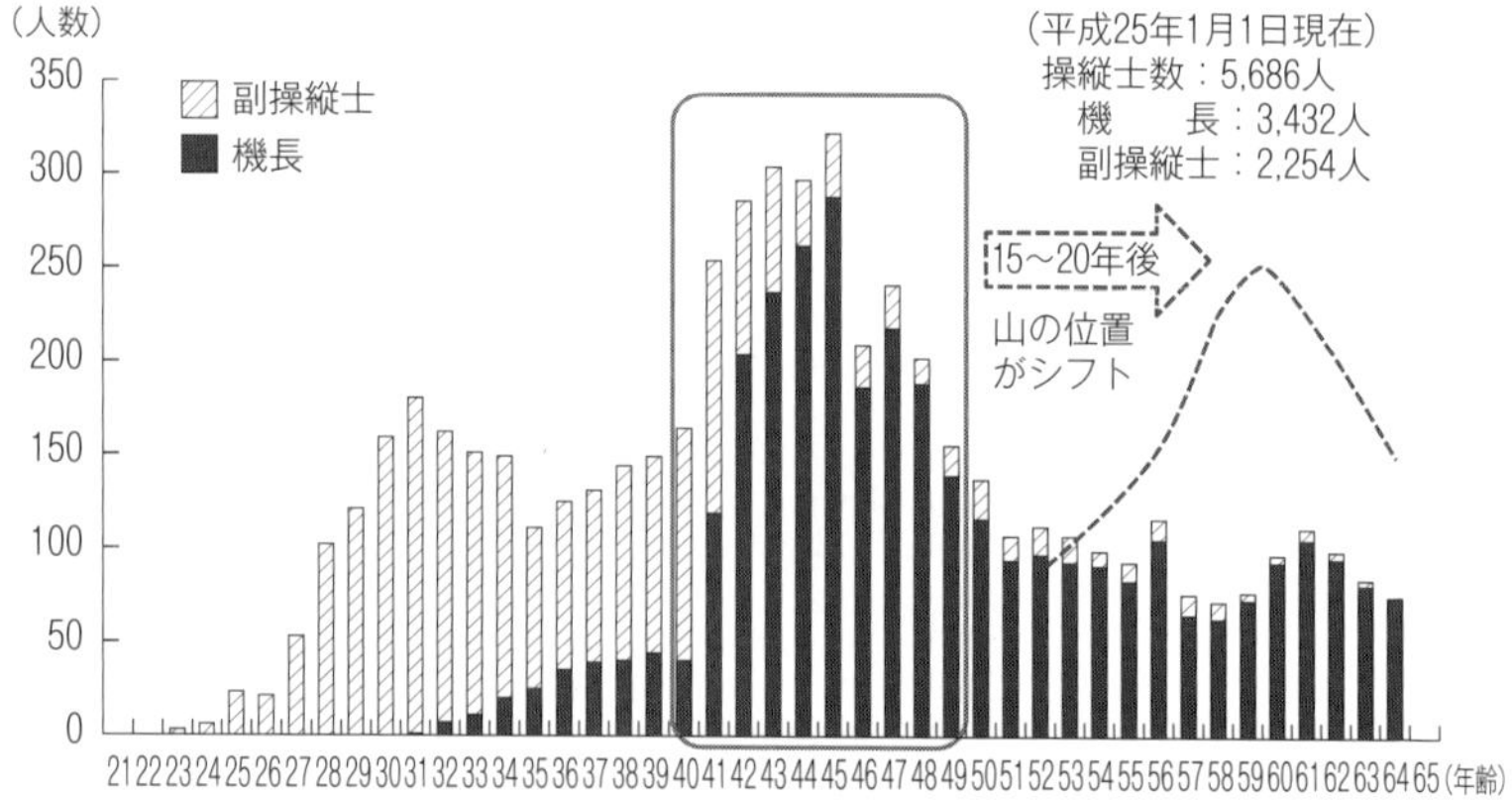

図１－５　パイロットの2030年問題

主要航空会社：JAL、JTA、JEX、JAC、ANA、AKX、AJX、NCA、SKY、ADO、SFJ、SNA、APJ、JJP、WAJ

（出典）国土交通省航空局　就労実態調査による。

パイロットの２０３０年問題

２０３０年頃には多くのパイロットが定年を迎え、パイロットの不足が深刻になると予想されている（最終章で、パイロットの育成をどのように急いで行うかについて検討する）。

ＣＩＱ（税関、入国管理、動物・植物検疫）の職員が足りないことも、特に地方空港においてインバウンドの受け入れを増やそうとする時に問題となる。多くの地方空港では、地元の港湾との間でＣＩＱの職員を共有している状態であり、空港の側で必要であっても、それぞれのスケジュールが調整できなければ国際航空便を受け入れることができない。

しかし、ＣＩＱの職員は国家公務員であり、それを増員するには国の予算措置が必要である。緊縮財政がとられる中、こうした増員にはなかなか積極的な財政措置は行われてこなかった。しかし、観光立国を目指すのであれば、こうした観光振興に関係する職員の増員、待遇の強化にも、国として積極的に取り組まなければならない。昨今導入された観光税

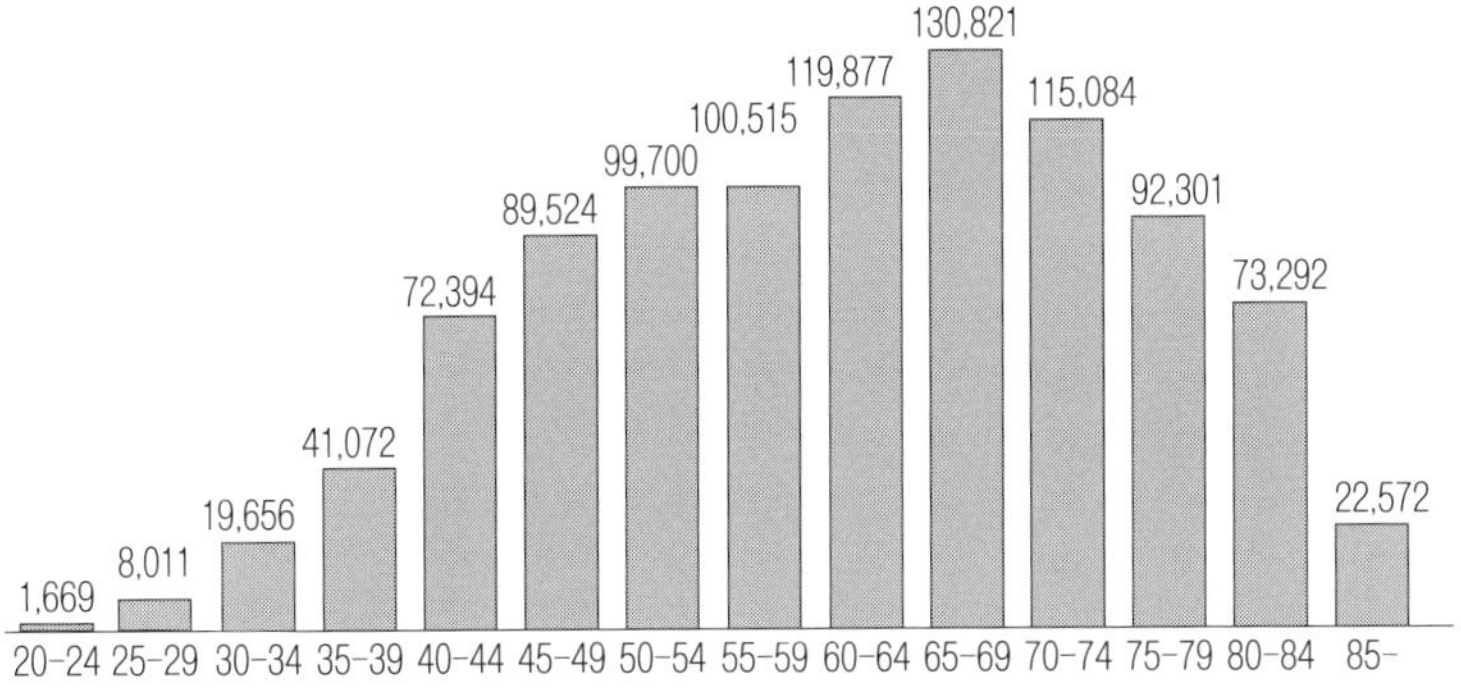

大型二種免許保有者が最も多いのは60歳代であり、運転者の高齢化が進んでいます。
このためバス運転者不足問題は今後ますます深刻化することが予想されます。

図1－6　バス運転者不足問題　大型2種免許保有者数

（出典）国土交通省資料運転免許統計より。

の使い道として、まさに最優先事項とすべきところである。

また、チェックインを行ったり搭乗案内を行ったりするグランドスタッフも地方において不足している。グランドスタッフ育成・確保のために支援策を打ち出している県もあるが、その効果はまだ不明である。

なお、２０１９年４月から法務省の入国管理局が「出入国在留管理庁」に格上げされた。これによって、入国管理体制がより円滑なものになることを期待したい。

コロナ禍の異常な状態を一時的なものと見なせば、インバウンド旅客の誘致に関しては、空港以外においてもインバウンドの受け入れ体制に問題が生じている。

まずバスのドライバーが不足している。

観光において多くの観光客に不安・不便を感じさせることなく、しかも効率的に移動させる手段として、貸切バスはとても重要な役割を果たしている。しかし、バスの運転手、そしてバスの車両自体も不足している。

また、ツアー用の貸切バスだけではなく、日常生活に深く関わる路線バスの運行にも支障をきたしている。そして、各ドライバーは長時間勤務、不規則勤務に就くことを余儀なくされ、労働環境は悪化し、そのことが新たにドライバーになろうという人を遠ざけてしまうという悪循環に陥っている。

つまり、労働条件が悪いため、家庭を持とうとする若者にとっては、そのための十分な所得が得られないし、そもそも不規則な勤務体系を嫌うために、就職してもなかなか定着しない。その結果、従来バス事業を支えてきた高齢ドライバーに依存することになる。そうした状況下で長時間労働による睡眠不足などが起こると、体調の悪化によって事故も多発してしまうことになる。

表1－1　バス運転手の平均睡眠時間

2～3時間	1.1%
3～5時間	23.8%
5～7時間	63.7%
7～9時間	10.9%
9時間～	0.5%

（出典）国土交通省自動車局安全政策課「バス運転者の労働時間等についてのアンケート結果より」平成29年6月30日。

インバウンド旅客をより多く迎えるためには、国内の宿泊施設も不足している。旅館に関してはまだ余裕があるといわれているが、手軽な値段で気安く泊まれるところとなると、ホテルが選択されることが多くなる（この点、旅館側の経営改革も求められている。宿泊とセットとなっていて、個性がない上に食べきれない量の夕食。一人ではなかなか泊まりにくいという慣行。こうした点についてはすでに見直しの動きがあるが、まだ一般的になっているとまでは言い切れない状況にある）。ホテルになると、行楽地周辺では、週末やピークシーズンには予約が極めて取りにくくなっており、また値段もかなり高くなっている。

だからといってどんどんホテルを建設すればよいということにはならない。そうすると、今度は過剰供給となって、経営に行き詰まるところが増えてしまうことになるからだ。

この点、民泊を活用すればよいという考え方もあり、日本でも２０１８年6月15日から民泊新法（住宅宿泊事業法）が施行されたが、文化の違いからくる周辺住民とのトラブルや、消防法違反など問題が多い（こうした問題を考慮して、各地方自治体は条例において民泊の営業日数を制限している。この点に関して民泊の普及を強く支持する側から強い批判がなされている。しかし、実際に民泊において多くの問題が世界的に顕在化していることを踏まえて、慎重に対応する事にそれほどの非があるとは思われない）。

宿泊施設の問題については、後に論じる観光政策の「数」から「質」への転換の問題に関連して、あらためて検討することとしたい。

5　オーバーツーリズムの問題

すでにヨーロッパやアジアなど、観光の先進地域では深刻化しているが、日本でもインバウンド旅客の誘致を積極的に進めたことの副作用として、オーバーツーリズムの問題が顕在化してきている(5)。

オーバーツーリズムとは一般的に「観光公害」と訳されている。多くの旅行者が観光地に殺到することで発生する様々な問題を指す。具体的には、自然環境へのダメージや、地元住民の生活へのマイナスの影響などである。

現状では、京都市、沖縄、スペインのバルセロナ、イビサ島、マヨルカ島、イタリアのヴェネツィア、クロアチアのドゥブロブニクといった地域において、オーバーツーリズムは深刻な問題となっている。

京都では、紅葉のシーズンなど、行楽地ではまともに歩けないほど人が混雑している。

京都駅では、人気のある観光地を通る路線バスに乗ろうとする観光客が長蛇の列をなし、地元の人々が利用できない状況になっている。しかも、大きな荷物を持っているため、バスの車内の混雑度も深刻なものとなる。市内では、一部のインバウンド観光客が舞子さんにつきまとい、危害を加えかねないような事態にも至っている。また、市内にインバウンド目当ての民泊も多数できたことで、地元の人々の生活空間にまで観光客が入り込み、さらに深夜に騒いだり、文化的な違いに基づく誤解が起因となって、地元の人々にとっての迷惑行為となっている。

沖縄では、レンタカーをめぐる問題が大きい。那覇空港からレンタカー会社が集まっている場所までは送迎車で移動しなければならない。その区間は、レンタカーを返却に来る人々も多く利用し、地元の人々にとっても幹線にあたるので、この区間が非常に混雑し、時間帯によっては激しい渋滞になる。また、中国と日本との間に国際自動車運転免許の協定がなく、本来であれば、日本では国際自動車運転免許の効力がないので、中国からの観光客については、レンタカーを運転できないはずである。しかし、東南アジアの国の中に、本来取得できないはずの国際自動車運転免許証を偽造し、販売している違法業者が存在している。

こうした違法免許証の存在は明るみになっており、沖縄でも、レンタカー会社に対して、偽造免許証を示してレンタカーを借りようとする者に対しては貸出しをしないように呼びかけてはいるものの、レンタカー会社の生存競争が激しく、特に零細企業であるレンタカー会社は偽造免許証だとは知りながら、それを黙認して車を貸し出しているのが現状である。

そのようにしてレンタカーを貸してしまうと、旅行者はもともと地理的に不案内なため、ＧＰＳに頼りっきりで運転に不注意となり、場合によっては、道の真ん中で車を一時停止してしまい、追突事故を招くといったことになる。さらに、中国では車は右側通行であることから、日本でも中国の慣習にならってしまい、その結果、対向車と正面衝突してしまう事故が起きている。

6　富裕層をターゲットにすることの重要性

このような状況に鑑みれば、これ以上インバウンドの数を増やすことにこだわるのではなく、今後は1人当たりでより高い経済効果をもたらしてくれる旅行者、ビジネスパーソンを誘致することに力を入れていくべきであると考えられる。

実際マカオでは、ピークシーズンには人口の数十倍に上る観光客を受け入れてきたが、その後、より経済効果の高い「優良な」旅行者の受け入れを優先させる方針であることを政策の責任者が日本経済新聞とのインタビューで明言している。

つまり、世界の富裕層、トップ・エリートをどのようにして取り込んでいくかということである。富裕層は、単に多くのお金を使うというだけではなく、経済活動においても強力なインフルエンサーであることが多い。つまり、富裕層が訪問地に興味を持てば、様々な形での投資が期待でき、彼らを取り込むことは、その時点だけの経済効果のみならず、将来的にも多くのメリットを日本にもたらすことを期待できるのだ。そして富裕層の移動手段として重視しなければならないのがプライベートジェット、ビジネスジェットである(6)。

彼らは特別な扱いをしてくれることに慣れているし、そういうサービスを望んでいる。これは、特にヨーロッパのような、歴史的に異なる階級に属する人々の共存が図られてきたところでは、特別な料金を支払えば特別なサービスが受けられるのは当然のことであるという社会認識があり、日本のような、どのような状況にも平等主義を求める国とは違って、社会的に容認されているものである。

また、地位に応じたプライバシーの問題もある。彼らの中には有名人が多く、その言動は常に世間の注目を浴びることになる。そのため、限られたプライベートな時間ぐらいは、できるだけ人の目に触れることなく時間を過ごしたいと考えるだろう。そこから、移動においても、プライバシーが完全に保たれるビジネスジェット、プライベートジェットの利用が好まれることになる。それに、普通の民間機であれば、もし目的地までの直行便がなければどこかで乗り換えなければならない。その乗り換えの際は、一般の乗客とは隔離された特別の動線を航空会社によって用意されたとしても、やはり人目を気にしなければならないことになるのは同じであるし、そもそも乗り換えること自体が面倒くさいし、時間もかかることである。この点、ビジネスジェット、プライベートジェットであれば、その飛行機が着陸できる空港と施設さえあれば、どこにでも行きたいと思うところに直接飛んでいくことができる（ただし、その飛行機の航続距離（最大でどれだけの距離を飛行できるかという航空機の能力）次第ではある。小型の飛行機であれば、航続距離が短いので、直接飛ぶことのできる場所は限定されることになるが、それでも、経由地となる空港で給油などを行えばいいので、時間がかかるものの、楽に移動できることには変わりがない）。

セキュリティー体制も万全でなければならない。誘拐やテロの対象となる危険性も高いからである。この点、ビジネスジェット、プライベートジェットであれば、パイロットやCA（キャビン・アテンダント）の身元さえしっかりと調査しておけば、民間機の場合と比べてこうした危険性は極力軽減することができる。自分の所有する飛行機であれば（チャーターする場合でも同様だが）、このようにセキュリティーは保障されているので、自分の持ち込みたいものは、航空機の安全上危険な液体類などを別とすれば、何でも持ち込めるはずである。つまり、民間機であれば、機内でのテロ行為の発生などを予防するために、刀剣類などの持ち込みは禁止されているが、それもプライベートで独占的に航空機を使って移動するのであれば問題ないことになる。したがって、海外などでお土産ものを購入する際にも、その選択肢が広がることになる。[7]

7　MICE

また、日本は近年、MICE（Meeting, Incentive, Convention, Exhibition and Event：日本語ではよく「会議観光」と訳される）の振興にも努めている。なぜならMICEでは、通常、非常の多くの人々が国内はもちろんのこと、大きな国際会議であれば、世界中から多くの参加者が訪れ、最低数日間は滞在するため、多くの消費、経済効果が期待できるからである。また、その参加者がMICEの開催場所に家族とともに長期間滞在することも多く、その結果、さらに高い経済効果が期待できる。

MICEを日本でより多く開催するためには、何よりも大きな会議や展示会などを開くことができる会場がなければならない。そして、もちろん、それだけでは不十分である。会議をきちんとコーディネートできる体制も必要であるし、空港や鉄道の駅からの移動手段を確保する必要もある。そうした中で、ビジネスジェットを利用してMICEに参加できるようにすることも重要である。つまり、日本が今後、MICEをより積極的に誘致していこうとするのならば、ビジネスジェットによって来日しやすい環境を整備していく必要がある。

重要な会議になればなるほど、その参加者に占めるVIPの数も増すであろう。そして、そうした人々は通常ビジネスジェットを使って移動している。そうした人々にとって、ビジネスジェットが利用できないような場所で行われる会議には参加しにくいし、VIPが参加できないということになれば、

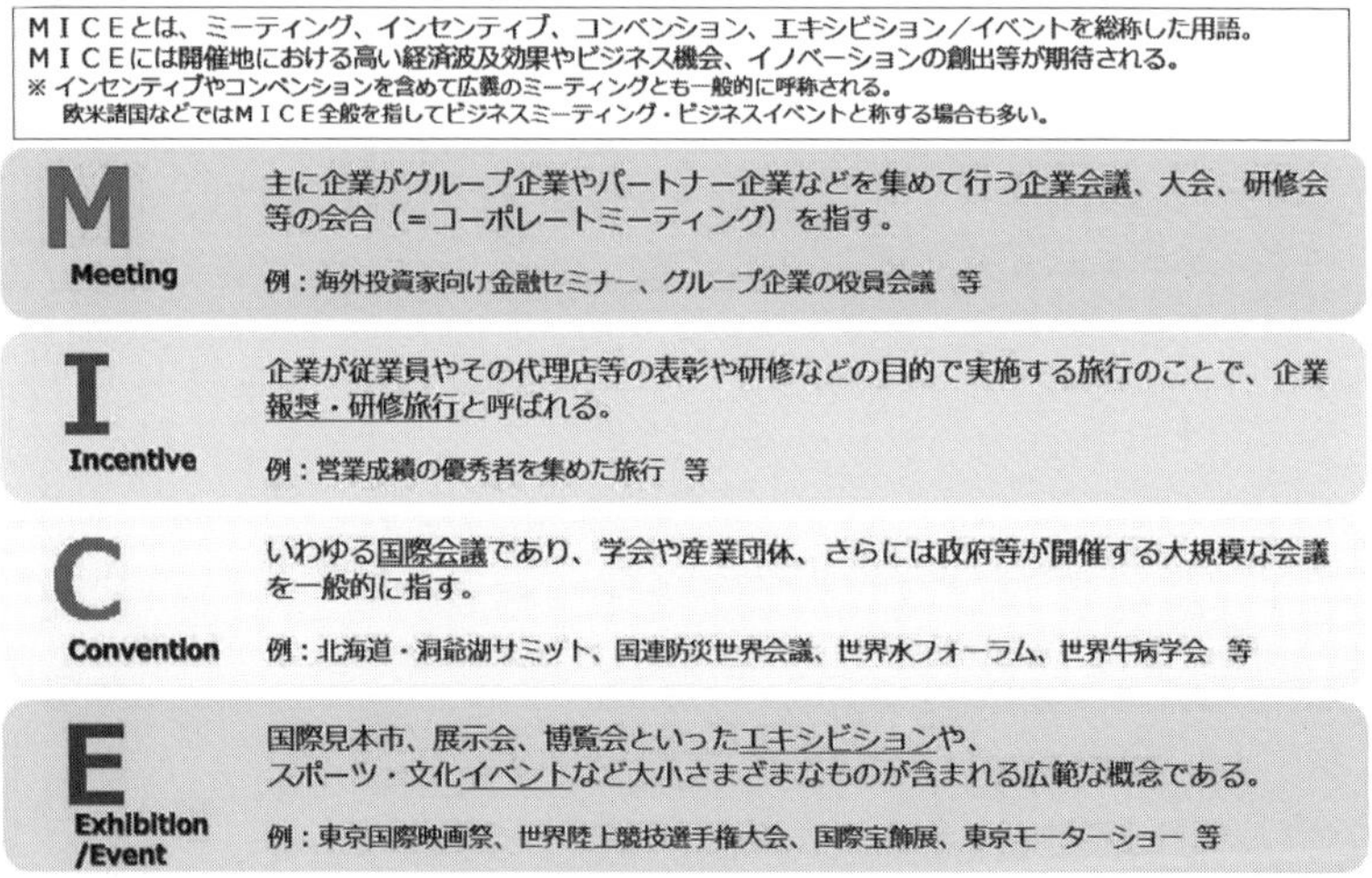

MICEとは、ミーティング、インセンティブ、コンベンション、エキシビション／イベントを総称した用語。

MICEには開催地における高い経済波及効果やビジネス機会、イノベーションの創出等が期待される。

※ インセンティブやコンベンションを含めて広義のミーティングとも一般的に呼称される。

欧米諸国などではMICE全般を指してビジネスミーティング・ビジネスイベントと称する場合も多い。

M Meeting	主に企業がグループ企業やパートナー企業などを集めて行う**企業会議、大会、研修会等の会合（＝コーポレートミーティング）**を指す。 例：海外投資家向け金融セミナー、グループ企業の役員会議　等
I Incentive	企業が従業員やその代理店等の表彰や研修などの目的で実施する旅行のことで、企業 **報奨・研修旅行**と呼ばれる。 例：営業成績の優秀者を集めた旅行　等
C Convention	いわゆる**国際会議**であり、学会や産業団体、さらには政府等が開催する大規模な会議を一般的に指す。 例：北海道・洞爺湖サミット、国連防災世界会議、世界水フォーラム、世界牛病学会　等
E Exhibition /Event	国際見本市、展示会、博覧会といった**エキシビション**や、 スポーツ・文化**イベント**など大小さまざまなものが含まれる広範な概念である。 例：東京国際映画祭、世界陸上競技選手権大会、国際宝飾展、東京モーターショー　等

図１－７　MICE（マイス）とは

（出典）観光庁ホームページ〈http://www.mlit.go.jp/kankocho/shisaku/kokusai/mice.html〉

会議をそこで設定することの意味がなくなってしまうことになりかねない。実際、ビジネスジェットで移動することが困難であるという理由から、その地での国際会議の開催が見送られることがある。

そこで次章以降では、日本におけるビジネスジェットをめぐる法的・市場環境はどのようになっているのかを概観し、今後、ビジネスジェットを日本で普及させていくためにはどのような取り組みが必要であるかを論じていくことにする。

注

（1）タンカーが風に流され、連絡橋に衝突し、連絡橋が破損するということもあった。この点については、完全に連絡橋の修復が済んでいない状況で列車を運行させたことについて、空港経営会社の安全性に対する認識の甘さが問題であると指摘された。確かに公共性を有する空港であるがゆえに、できるだけ早く空港と陸側の移動手段を再開させ、空港機能を回復させることは重要であるが、テレビの中継画像などを見てもそうだが関係者も指摘しているように本当に安全なのかと思わざるを得ないような状況であった。すなわち、まだ破損箇所が生々しい形で残されている状況で、そのすぐそばを車両が運転されていたのである。この点に関して、関西国際空港はコンセッションをすでに民間に売却しており、その運営者が少しでも経済的損失を抑えるべく、無理をしたのではないかという批判があった。また、事態の対処をめぐる記者会見などの状況を見て、運営者の中で、つまり運営権者であるオリックスと、フランスの空港運営会社であるバンシーの間で意思疎通が円滑にとられていないのではないかという不安も視聴者の間で広く沸き起こった。

(2) とはいえ、現時点でも十分な対策がとられているとは考えにくい。それだけ対策をとるのが難しいということでもある。昨今の自然災害は、いずれも「想定」を超えたものであり、どのような対策をとればいいのか、誰もが納得のいくような解決策を見出せないのは理解できるところである。

(3) ただし、2本できたからといって、供給能力が単純に2倍になるというわけではない。2本の滑走路が完全に平行になっていないため、同時離発着上制約が出るとか、滑走路の進入経路上に大型客船が停泊するような場合にその滑走路が使用できない、といった様々な制約を受けて、その分供給能力が割り引かれるからである。

(4) 一方が勝てば一方が負ける結果、双方の業績を足し合わせればゼロとなり、総需要の増加につながっていないこと。

(5) オーバーツーリズムの問題に関しては佐藤剛弘『観光公害』（祥伝社新書、2019年）で詳しく紹介されている。

(6) プライベートジェット、ビジネスジェットと呼び方については多少のばらつきがあるが、ここでは公共性に注目することから主にビジネスジェットという呼称に統一して論じることとするが、場合に応じてプライベートジェットという用語も用いている。

(7) この点に関しては、興味深い話がある。アメリカアップル社の創業者であるスティーブ・ジョブズ氏がビジネスジェットで日本を訪れた時のことである。彼は日本に好意的な感情をもっており、お土産として日本刀の模造品を購入し、自分の飛行機に持ち込もうとした。しかし、その飛行機を担当した税関の職員が、危険性を理由にその持ち込みを認めなかったという。どのように考えても、それによって飛行中に何らかの問題が起こるとは考えられないのだが、一般的な規則を盾にとってこのような処置になったという。これによって、もしジョブズ氏が日本の取り扱いに対して不快感を示し、ひいては日本そのものに対する印象を悪くするようなことがあったなら、国益上大きなマイナスをもたらすことになりかねないという事案である。ビジネスジェット、プライベートジェットについては、一般の航空利用とは違う運送ルールの設定、運用が求められる。

第2章　ビジネスジェットとは

本章では、そもそもビジネスジェットとはどのようなものなのかについて見ておくこととする。

1　ビジネスジェットの定義

一般的な航空会社以外の空の世界をGA（ジェネラル・アビエーション）という。言い換えれば、GAとは、航空機による飛行のうち、軍事目的と定期航空路線を除くあらゆる活動の総称である。

その中でビジネスジェットとは、企業・団体又は個人が商用目的で利用する航空運送のことであり、その運航形態には、①社用機や個人所有機などの自家用運航と、②航空会社等の事業用機のオウンユースチャーターによる運航の2つがある（国土交通省による定義）。

このように、ビジネスジェットはどのようなものかについては、一応の定義はあるものの、商用で用いるか私的に用いるかの線引きは難しい。商用のために購入しても、時には私的に利用する場合もあるだろうし、私的に所有するために飛行機を購入したとしても、それを商用に使うとすれば、それはビジネスジェットと見なされることになる。

このように、現実的には、ビジネスジェットとプライベートジェットの区別は付けにくい。

表２－１　航空区分と航空機の運航形態

<table>
<tr><th>区分</th><th>航空機</th><th>運航用途</th><th>運航例</th></tr>
<tr><td>軍用航空</td><td>自衛隊機等</td><td>公用、防衛用等</td><td>自衛隊機・米軍機</td></tr>
<tr><td rowspan="5">ジェネラル
アビエーション
（軍用、商業以外）</td><td>公用機</td><td>行政目的などの公用</td><td>海上保安庁、警察、消防、飛行検査機</td></tr>
<tr><td>航空機使用事業用機</td><td>旅客又は貨物の運送以外の行為の請負</td><td>取材ヘリ（委託）、農業散布
測量、航空写真撮影</td></tr>
<tr><td rowspan="3">自家用機</td><td>レジャー・遊覧・観光</td><td>個人の趣味
アクロバット飛行</td></tr>
<tr><td>上記以外の運送</td><td>撮影用取材ヘリ
養成学校の練習機</td></tr>
<tr><td rowspan="2">ビジネス航空</td><td>プライベートジェット
役員・社員輸送用の社用機</td></tr>
<tr><td rowspan="4">商業航空
（航空会社等が貨客運送のため航空機を運航）</td><td rowspan="2">航空運送事業用機（国内定期航空運送事業を除く）</td><td>オウンユースチャーター</td></tr>
<tr><td>商用目的以外の有償運送</td><td>ドクターヘリ、遭難救助
遊覧飛行、観光</td></tr>
<tr><td rowspan="2">国内定期航空運送事業用機</td><td>定期便</td><td>定期便
定期便に近い不定期便</td></tr>
<tr><td>不定期便・チャーター便</td><td>臨時便、チャター、フェリー</td></tr>
</table>

［参考］

ビジネスジェットに適用されるアメリカの法規制は、アメリカ連邦航空規則のPart121に当たる。Part121が適用される運航としては以下のようなものがある。

・Domestic Operation：ジェット機又は大型のプロペラ機によるアメリカ内２地点間の定期便の運航
・Flag Operation：ジェット機または大型のプロペラ機によるアメリカ内の地点及びアメリカ外の地点間の輸送並びにアメリカ外の２地点間の定期便の運航
・Supplemental Operation：大型飛行機（客室数が30席を超える又はペイロードが7,500bsを超える飛行機）又は定期便にも用いられる飛行機によるチャーター運航

（出典）国土交通省資料。

表2-2　ビジネスジェット（ターボジェット機）のクラスと代表的な機種

製造メーカー	Very Light & Entry	Light & Light medium	Medium	Heavy (Large)	Corporate Airliner
Bommardier		Learjet70 Learjet75	Challenger350 Challenger605	Global5000 Global6000	
Cessna	Mustang M2 CJ2 CJ3	CJ4 XLS Sovereign	Citation X		
Dassault			F2000LXS F900LX	F7X	
Embraer	Phenom 100	Phenom300	Legacy500 Legacy650		Lineage1000E
Gullfstream		G150	G280	G450 G550/650	
Other	Hondajet				ACJ BBJ

（出典）2015年2月　日本ビジネスジェット協会プレゼンテーション資料。

さらに、これから述べるように、ビジネスジェットとしていくつかのメーカーと機種があるが（表2-2）、その内装などは所有者の趣味、考えによって独自の仕様にアレンジすることが可能である。要はどれだけお金をかけることができるか次第である。

また、ヘビーとされているクラス以上のものでもビジネスジェットになり得る。アラブの王族などはいわゆるジャンボ機であるボーイング747をプライベートジェットとして所有している。これを使って海外を訪問する場合、それはビジネス利用としてとらえられるので、ビジネスジェットの側面も併せ持っているといえる。

2017年3月、サウジアラビアの国王が日本を訪れ、飛行機から降りる際、エスカレーター式のタラップを使用したことが大いに話題となった。

2　ビジネスジェットの性能

また、ビジネスジェットを利用する場合、航続距離、つまりどれだけ長い距離を飛ぶことができるかも重要なポイントである。航続距離が短ければ、それだけ直接行くことのできる場所も制約される。航続距離の短いビジネスジェットでも、いくつかのポイントで給油などしていけば最終的にその目的地に達することはできるが、その分時間がかかることは確かである。この点、ビジネスジェットを利用する人々は、もともと時間価値の高い人々であることを考えると、やはりネックとなってくる。航空機は大きいほど燃料も多く搭載できるので、大型機ほど航続距離は長くなる。したがって、大型機の方がビジネスジェットとしても優れているということもできる。しかしながら、その反面、大型機となると離発着の際に長い滑走路が必要となる。民間機が飛ばないような、あるいは便数が少ないような発展途上国のローカル空港などの場合、滑走路が未整備であることが多く、大型機が離発着できるほど長くしっかりとした滑走路があることはあまり期待できない。こうした観点からは、大型機よりも中小型機である方が、世界中どこにでも機動的に移動することができるという意味ではビジネスジェットとしてふさわしいともいえる。このように、どのような機種がビジネスジェットとして最適であるかは、判断の分かれるところであり、その利用目的によって異なってくるということになる。

なお、ジェット戦闘機の場合、ものすごい騒音で、その離発着に対しては、基地の周辺住民から激しい抵抗が示されることが多い。また民間機の場合、昔であれば大きな騒音に対して、空港周辺の住民から生活上支障が出るとして、大阪の伊丹空港の場合のように訴訟になったこともあった。

ではビジネスジェットの場合はどうであろうか。ビジネスジェットの騒音はそれほど大きくない。よって、ビジネスジェットの利用が普及しても、それが乗り入れる空港周辺の住民の生活に及ぼすマイナスの影響は、それほど大きくないといってよいだろう。

また、これはビジネスジェットに乗る側についても同じである。海外で島への移動などに小型機を利用した人は多くいるだろうし、ヘリコプターで都市部の夜景を楽しんだ経験のある人も結構多くいるだろう。そうした経験をした人は、乗っている間、相当大きな音がして不快感を覚えることがあったのではないだろうか。特にヘリコプターなどは、耳栓のようなものをしないととても我慢できなかったのではないだろうか。そうしたことから、ビジネスジェットも小型機の場合にはエンジン音などがうるさくて乗り心地が悪いのではないかと考える人もいるかもしれない。しかし、実際には、ビジネスジェットは、騒音を含め、様々な工夫によって移動時の快適性が追求されており、エンジンの音などに悩まされることは全くないといってよい。

3　ビジネスジェットがもつ利便性・効果について

ここで改めてビジネスジェットの利点についてまとめておこう。

(1) 機動性

ビジネスジェットの特性としては、何よりもその機動性が挙げられる。

定期航空を利用してビジネスを行おうとする場合、特にその相手が存在する国が発展途上国であった場合などは、各航空会社がどのような路線を飛んでいるのか、またどのような時間に飛んでいるのか、といった制約に強く縛られることになる。場合によっては、直行便がない、時間的に利用できる便がない、また乗り継ぎの必要のために途中の空港でかなりの時間を費やさなければならないといった事態も往々にして生じてくる。

これに対してビジネスジェットを利用すれば、そうした制約に縛られることなく、いつでもどこにでも望む時間帯、場所に飛んでいくことができる。

さらにいえば、ある程度のサイズの航空機が離発着できる滑走路、あるいはそれに類するものはあるが、通常の民間機は全く飛んでいないような場所もあるだろう。それでも、そこが最終目的地に近く、もしそこまで飛んでいくことができれば時間的にも、また場合によってはセキュリティー上も望ましい場合、ビジネスジェットを利用することのメリットは極めて大きいものとなる。

もちろん、ビジネスジェットを利用すれば全く自由に飛べるということではなく、その離発着しようとする国において、離発着時における航空当局の許可、認可が必要である。特に発展途上国の場合には、一般的な状況として、往々にしてそうした手続きが円滑に行われず、様々な支障が生じることが多い。ビジネスジェットの利用が効果を発揮しやすいのが、こうした民間の航空機が広く浸透していない地域であるため、こうしたビジネスジェットに関わる主にソフト面でのインフラの不備が懸念されるところである。

しかし、そうした国々が、自国の経済発展において果たすビジネスジェットの重要性を十分に理解することができれば、こうした障害を早期に改善していくだろう。改善しなければ、その国の将来の経済発展は大きな障害要因を抱えることになる。そもそもアフリカ諸国を中心に、こうした国々は独裁的な国家であることが多く、いざその必要性が認識されれば、民主化が進んだ国よりも早く体制の転換を図ることができるという、逆のメリットを持っている。

実際、ビジネスジェットの利用に関する状況は、たとえば日本よりも、資源開発を通して中国などの国と協力して経済的発展を図りたいというアフリカ諸国の方が、柔軟で利用しやすい状況になっていることがある。

そして、ビジネスジェットの機動性を活かしてビジネスを有利に展開したのがアフリカ市場をめぐる中国である。

中国がいち早くアフリカ進出を果たし、資源をはじめとする当地の市場において大きな影響力をもつことに成功した1つの重要な要因は、ビジネスジェットの活用であるということができる（これに対して、中国がアフリカでプレゼンスを高めることになったより根本的な要因としては、教育であるとの指摘もある。中国はアフリカ諸国から医学などの分野で非常に多くの留学生を受け入れ、支援してきた。こうした留学生たちが帰国し、母国で活動する中で、中国に対して好意的な姿勢を示すのは当然のことである。これと比べると、日本は留学生の受け入れ数においてて中国に対して大きく遅れをとっている。この点に関して政府答弁では「数より質」的に手厚く支援しているというが、やはり留学生の受け入れに関しては受け入れ数が重要であると日本の医療関係者の中から指摘されているのである）。

アフリカにおいても、他の地域同様、近年、航空産業は急速に発展を遂げてきている。また、その信頼性も向上してきている。しかしながら、先進国と比べれば、航空利用を補完する鉄道、バス、タクシー、そして道路などの交通インフラは不十分であると言わざるを得ない状況にある。たとえば、首都など、ある程度の規模の都市には空港はあっても、そこからビジネス訪問の目的地となる資源が産出されるような内陸部への移動となると、その移動手段は車しかないといった状況が一般的であろう。この場合、民間の定期航空便を利用したとすれば、到着した空港から長い時間をかけて目的地まで移動しなければならないし、その移動中において、強盗にあったり、自然災害によって通行止めになったりするリスクも覚悟しなければならない。これに対して小型のビジネスジェットを利用すれば、それほど長い滑走路を要することもなく、そうした場所への移動も、ある程度の滑走路、スペースさえあれば可能になる。

こうして、アフリカ諸国の政府側も自国の経済発展を促進すべく、ビジネスジェットに関しては日本以上に門戸を開放してきている。そして、そうした政策がアフリカの資源の取得、そのための資源開発に力を入れたい中国の思惑と一致し、中国のアフリカ進出を促す大きな要因の1つとなった。

こうして、中国のビジネスパーソンは、縦横無尽にアフリカを飛びまわることによって、特にアフリカの資源市場において、いち早く商機をつかむことができたのだ。いまやアフリカにおける中国のプレゼンスは極めて高い。このことは各種のメディアにおいて伝えられているところである。

また、こうしたビジネスジェットをめぐる姿勢は、韓国についても同様である。韓国のビジネスパーソンも、日本の高度経済成長期の状況と同じように、積極的にビジネスを展開する中で、ビジネスジェットの利用価値についても認識を高めている。

特に韓国の場合、国土がそれほど広くないがゆえに自国市場に頼った経済成長には自ずと限界がある。それゆえに、積極的に海外市場に出ていかなければならないという意識が強いものと見て取ることができる。その表れとしては、韓国では英語教育が徹底されており、大学段階でアメリカなどに留学する学生が多いということがある。

また、海外市場への売り込みもうまい。日本へのＫ－ＰＯＰの進出の仕方を見ればわかるだろう。この点についてより鮮明に日本と韓国の間の違いを見ることができるのが観光政策の側面である。

以前、日本の政府観光局のホームページと韓国の同ホームページを比較したことがある。日本のものは、いろいろな情報がきめ細かく盛り込まれているのだが、どれを見たらいいのか迷ってしまうようなものとなっていた。あれもいい、これもいいといったものであり、見るものに選択させようとするのはいいが、情報量が多すぎるということはそれだけ選択することが難しいということでもあり、かえって不親切な情報提供の仕方であるともとらえられてしまう。つまり、明確なメッセージが見えてこないのだ。

これに対して韓国のものはよりシンプルに、ここが良いのだ、ここに来てほしい、というものが明確な形で提示されていた。メッセージがシンプルであるがゆえに伝わりやすく、より魅力的に思われるのである。

さらに付け加えるならば、筆者が行ったある講義の中で、受講生である留学生たちを対象に、留学前に日本の各種ホームページを見て必要な情報が十分に入手できたかどうかを調査したところ、全く十分ではなかったというのが大勢の回答であった。これなどは、日本はまだまだプロダクト・アウトの発想でマーケティングを行っている典型的な事例であると考えられた好例である。

ちなみに、１９９０年代初頭において、バブル景気が崩壊して以降、日本では会社中心主義の価値観が問い直され、会社のためにがむしゃらに働く、あるいは金儲けのために全力を捧げるという価値観が見直されることになった。ＱＯＬ（Quality of Life）ということが問われるようになり、仕事から趣味などへ、自分の本来やりたいことへの情熱のシフトが強く起こっている。さらには昨今の働き方改革は、そうした傾向をさらに助長するものとなっている。

もちろん、こうした状況の変化自体は望ましいものであろう。ただ、これによって、従来型の経済成長至上主義の考え方は修正されなければならないにもかかわらず、未だその面も色濃く残っていることも確かである。

そして、そうした旧来の考え方からすれば、今や仕事へのアグレッシブさにおいて、韓国、そして先述の中国も、日本のはるか先を行っているといっても過言ではないだろう。このことをどう評価するかは、この問題をどのような角度から見るかによって違ってくるのは確かであるが、グローバル化の進展の中で、日本がともすれば後れをとっている要因となっていることも確かではないかと思われる。

日本政府は、アフリカ市場において日本企業の進出が遅れていることの問題の深刻さを最近になってようやく認識し、アフリカに関する投資促進セミナーなど、様々な企業を対象とした啓発活動を行うようになってきた。そういう志向性をもつのであれば、日本企業がアフリカに進出しやすいようなインフラ整備を、そうした啓発的活動と同時並行的に速やかに行う必要がある。そして、何を実際に行うべきかを考える中で、中国、韓国のアフリカでの成功から学び、ビジネスジェットの普及は、その重要な1つの鍵となるはずだということを理解しなければならない。

このように、幅広い視野から、国際ビジネスの展開支援は行われるべきであり、ビジネスジェットをそうした中でいかに利用しやすいものとしていくことができるかは、その国のビジネス支援体制の成熟度を図る1つの評価基準になるものと考える。

（2）時間価値の最大化

また、時間価値の最大化という観点から、ビジネスジェットの有効性について考えることができる。

2009年、アメリカの大手自動車メーカーであるGMが経営破綻をした。その際、GMの再生手続きをめぐる議会証言のため、GMの役員がビジネスジェットでワシントン入りしたが、この行為に対してマスコミによって批判的な報道がなされた。その内容は、経営破綻をしているのにビジネスジェットを利用することは贅沢な行為であり、コスト削減を図らなければならない状況において、その再建を担う者が、コスト削減を図りながら、その一方でビジネスジェットを利用することは実にけしからん行為であるというものであった。

こうした批判が、日本のメディアだけでなく、アメリカでもなされたことは、筆者にとっては意外なものであった。日本でこのような批判が出てくるのは、いわば「想定内」のことであった。というのは、日本では「ビジネスジェット＝ぜいたく品」といった意識が強く存在しているからだが、アメリカはビジネスジェットの発祥の地といってもよく、その普及もすでに進んで一般化しており、そのような見解がマスメディアを通して出てくるとは全く考えられなかったからである。そうした中で、アメリカでも日本と同様に、「ビジネスジェット＝ぜいたく品」といったような見方が出てくるというのは新鮮な驚きであった。

とはいえ、そのアメリカのメディアの報道は、日本のマスメディアを通じての情報であったことには留意しなければならない。日本のマスメディアは往々にして、自分たちの価値観を押し通すために、えてして利用できるものはどのようなものでも、できるだけ自分たちの主張に合うようにうまく加工して論じる傾向があるからだ。この場合でも、日本のマスメディアが日本的価値観を通して、アメリカでの状況をある種自分の都合のよいように編集した上で報じた可能性も否定できないところではある(1)。

しかし、経営再建に全力を注がなければならない責任者にとって時間を最大限有効に活用することは債権者、そして社会全体に対する義務であり、そのためにビジネスジェットを利用することは誠に理にかなった行動であるし、そうすることが本来求められることである。つまり、この場合においては、ビジネスジェットがもたらす時間価値を利用した当事者の判断を、社会全体が正当に評価することが重要であると考えるべきであり、この点においても、まだまだビジネスジェットは単なるお金持ちの遊具にすぎないという考え方が、先進国アメリカにおいてさえ、社会的に根強く残っている可能性があることを示唆しているといえよう。

こうした固定観念を打破するためには、客観的なデータをもって反論するしかない。この点に関しては、ビジネスジェットを積極的に利用した企業とそうでない企業との間にどれだけ売上高、成長性に違いが出てくるかについて分析した事例があるので、これについては後に示すこととする。

（3）移動中の時間の効果的な活用

また、移動時間中も、ビジネスジェットであれば効率的にその時間を活用することができるというメリットがある。つまり、ビジネスジェットは、完全な「空飛ぶオフィス」なのだ。

ビジネスジェットについては、その機材がどれくらい大きなものなのか、といったことによって違ってくるものの、たとえ小型のものであっても、プライベートな空間は、仕事を効率的に行う上で完全に確保されているし、プライバシーも完全である。そのため、ビジネスジェットを利用するのであれば、たとえ移動中であったとしても、以下に述べるように、周りの乗客を気にすることなく、リラックスできる環境で仕事を効率的にこなすことができるし、必要に応じて機密性の高い会議なども行うことができる。こうして、地上にいる時よりも、むしろより時間を有効に活用することができるだろう。

一方、一般の定期便を利用する場合においては、いくらファーストクラスやビジネスクラスといった上級クラスを利用し、そこでの売りとなっているフルフラットにできる座席を利用したり、コンパートメントにして周囲から見えないようする座席を利用したりするにしても、そこでパジャマに着替えるなどするにはやはり窮屈であるし、周囲の眼も気になる。それに、何よりも上級クラスとはいえ、トイレは他の乗客との共有であるから、場合によっては、トイレを利用するために順番を待たなければならないこともある。この点、ビジネスジェットであればそうした様々な些細な問題も気にすることなく、自由に、そして、たとえば地上と同じような環境で誰の眼も苦にすることなく、完全に体を伸ばして、リラックスして眠ることができる。

仕事の面では、定期航空便を利用する際、エコノミークラスの場合は言うに及ばず、ファーストクラスやビジネスクラスの場合でも、パソコンをたたく音や、資料の置き場所をめぐって、時に情報の漏えいなどの恐れから、周りの乗客が気になる場合がある。これに対して、ビジネスジェットの場合には、そうしたことを全く気にする必要がなく、様々な執務に安心して専念できるということも重要である。

確かに、今は一般の民間航空機の機内でもＷｉｆｉが無料で利用できるようになり、パソコンを使った仕事などは飛行中でも十分にできるようになった。また、上述のように、ビジネスクラス以上では機内の座席の「個室化」も進んでおり、プライバシーを守り、他人から見られる可能性も小さくなってきた（ただし、この点については、機内でサービスを提供するＣＡの側からすれば、乗客の状況を把握しづらく、またサービスのリクエストにも対応しにくいといった問題点が指摘されている）。政府専用機などを思い浮かべるまでもなく、通常の民間機の移動でも前述のような環境が整備されてきているものの、機内で会議などを行うことは、定期航空便ではなかなかできないことだ。

このように、ビジネスジェットを利用することで、移動中であっても、地上と同じように、また場合によっては地上よりも機密を守りやすい状況の下で仕事を行うことは、現状において計り知れないメリットがあるといえる。また、翻って考えてみると、このようなメリットを感じることができるようなビジネス・スタイルでなければ、社会のトップ・エリートは、これからの激しい生存競争を生き残っていくことはできないであろう。事実、表立ってはいないけれども、日本でも、トップキャリアは、ビジネスジェットをうまく乗りこなしているのである。ビジネス・ツールとしてのビジネスジェットの価値は、これからの時代において根本的に見直され、その重要性についてしっかりと認識されなければならない。

（4）企業の生産性を向上させる効果

先にも触れたが、事実、ビジネスジェットを利用することは、企業の生産性を向上させるというデータがある。

アメリカＳ＆Ｐ５００社において、ビジネスジェットを利用している企業と利用していない企業との間での業績を比較した資料がある。これによると、時価総額の年平均成長率で６倍もの差が出ている。また、売上においても２・２倍の差がついている。

このようにビジネスジェットの有用性は客観的データにおいても示されている。今後、このようなビジネスジェットを利用することによる生産性の向上に関しては、様々な研究ならびに実際のビジネスの実績によって明らかにされていくことになるだろう。こうしたデータを踏まえ、ビジネスジェットの利用価値をもっと社会的に積極的に広くアピールし、ビジネスパーソンに限らず、一般の人々に至るまで、啓発していく必要がある。

特に日本では、企業がビジネスジェットを活用することの価値について、株主に対する啓発活動を強力に行うことが必要である。

（5）ビジネスジェットを利用することから得られる周りからの信頼感

ビジネスジェットを利用することで、その人に対する社会からの信頼性が高まるという効果も見逃せない。たとえば金融ファンドなどは、投資家から資金を集めようとする際に、顧客の信頼を得やすくなり、資金の調達がうまくいきやすくなるという効果もある。

これは関係者から実際に聞いた話である。日本のファンドマネージャーが、ある事業の資金調達のため、ヨーロッパで投資家に対する説明会を開いた。その際、ビジネスジェットで現地に乗り入れたことがその説明会で明かされたことで、投資家から信用を得たのである。つまり、信用に足るだけのビジネス・コードをそのファンドの担当者が守っているとして、投資家の信頼を勝ち得たのだ。これに対し、もし多額の資金融資を求める側の立場の人間が定期航空便を乗り継いでくるような人物であったなら、とても大金を委ねるだけの信頼感はわかなかっただろうということである。

これに対して、同じ行為でも日本人に対しては、全く逆の反応がなされる可能性の方が大きいだろう。すなわち、投資家に投資を呼びかける人物が、ビジネスジェットを利用して移動した場合、他人に資金の融通をお願いしながら、自分はビジネスジェットを利用するような贅沢をするとは「けしからん」といった反応を投資家は示す可能性が高いであろうということである。

しかし、国際的なビジネスを展開するにあたっては、今日の情報社会の進展に伴うビジネスのあり方の変化を踏まえ、現代的仕事の進め方に関する新たな「グローバル・スタンダード」に従っていく必要がある。ビジネスジェットの利用に関しても、この場合、投資家は、それだけ効率的に世界を飛び回って資金調達に奔走しているのだというプラスのイメージでとらえる必要があるだろう。もちろん、それがただ単に贅沢をしたいためにビジネスジェットを利用している場合もあるだろうから、当然その見極めが必要になってくることも確かである。その点において、投資家にも、これまで以上に、人物評価の能力が問われることになっている。

先にも述べたように、情報社会が進展し、変化が激しく、かつフェイク情報が多く生み出されている中で正確な情勢分析を行うことはこれまで以上に重要となっている。そして、特に国際的な仕事を行おうとする相手方と直接対話をする重要性はますます高くなっている。相手方がどのような環境で仕事をしているのか、実態は相手側の説明通りなのかを実際に目で見て確認することは重要である。そのため、経営判断を下すべき経営トップは、最終的に相手方の仕事の拠点を訪問し、自分の眼で相手がどのような現場で働いているのか、その実態を確かめた上で最終判断を行う必要がある。その一方、経営上の決断を行う責任者は、その地位が高いほど多忙であるので、それに伴って、移動に関わる時間価値も非常に高まってくる。

このように、繰り返しにはなるが、経営判断を正確に行うための移動需要とそのための時間価値の高まりにより、ビジネスジェットの役割は高く評価されなければならないのだ。この点に関する国民の意識改革を早急に進めていかなければならない。

なお、このようなビジネスジェットの効果は、日本の優良企業の経営者の間では体感的には理解されているようだ。しかし、日本では、機関投資家、株主を筆頭に、「ビジネスジェットは贅沢品だ」という固定観念をいまだ抱いており、そうした株主に配慮して、たとえビジネスジェットを保有していてもその実態を明らかにしたがらないし、保有すること自体を考えない状態にある（後に述べるように、日本ではビジネスジェットを保有するコストの負担感が大きいという事情があることは確かである）。

このような理由で、日本においては各企業のビジネスジェットの保有実態はなかなか公表されない。このことは、別のところで解説しているように、特に日本におけるその保有コストの高さから、ビジネスジェットの国籍を海外においていることも、実態を把握しにくくしている一因となっている。しかし、実際には、日本の経営トップの中にはビジネスジェットを効果的に活用している人も多いとされている。筆者がヒアリングしたところでは、8人乗りサイズのビジネスジェットの購入者は日本人が最も多いとメーカーは言っている。このように、ビジネスジェットのもつ経済的・経営的価値は、それを利用している現場レベルでは確実に認知が広がっているといっていい状況にある。このことがマスコミなどを通じて、広く社会に伝えられていくような取り組みが求められる。

（6）ビジネスジェットに関連する事業による経済効果

また、ビジネスジェットのオペレーターにとっては、ファーストクラスを含め、大型機1機に搭乗している旅客から得られる総収入よりも、わずか数名～十数名のビジネスジェットから得られる総収入の方が上回ることが多々あるという。したがって、ビジネスジェットの普及によって関連事業が発展し、新たな雇用も生み出されることになる。

ビジネスジェットをめぐる関連事業としては、FBO（Fixed Base Operator）がある。これはGAの運航支援事業者のことである。

ＦＢＯはビジネスジェットが駐機中に、飲料水の補給やゴミ・トイレタンクの処理など、適宜処理業者を手配して行う。また、燃料、機内食の手配も当然行う。パイロットに関しては、顧客がそれぞれ用意していることが多い。

その他、ＶＩＰラウンジの運営、格納庫の提供、機体整備、宿泊施設の提供などがある。

ＦＢＯの社員は、世界中の顧客を相手に業務を行うため、英語や中国語などの外国語でのコミュニケーションができなければビジネスジェットが本質的に求める国際的な業務をこなすことができない。

こうした業務を行っていると、普通であれば会うことのできない要人やＶＩＰに会うことができたり、場合によっては顔を覚えてもらうことができたりするという特権を味わうことができる。そうなれば、その人に声をかけてもらって新たなビジネスの機会を与えてもらえるなど、新たな人生のチャンスが生まれることも夢ではあるまい。

ＦＢＯは、日本ではまだあまり注目されていない業種だが、今後ビジネスジェットが日本でも普及していけば、就職先としても大いに注目される存在となるだろう。

4　ビジネスジェットのメーカー

ここでビジネスジェットの代表的なメーカーを紹介してみよう。

(1)　ガルフストリーム・エアロスペース

1958年に創業。アメリカジョージア州サバンナを拠点とする航空機メーカーであり、同社のビジネスジェットは各国政府が多数保有している。世界最高峰のビジネスジェットと言われている（BBT大学総研）。そして、実際世界で最も人気が高い。特にGチャレンジャー650が人気機種である。日本では、丸紅エアロスペースが販売代理店となっている。

現在、2500機以上のガルフストリーム社製ビジネスジェットが運航中である。4000人を超えるサポートスタッフで、自社保有の部品修理センターを完備し、充実のアフターサポートを提供している（丸紅エアロスペース　ホームページより）。

(2) ダッソー

ダッソーはフランスのメーカーである。もともとは、主に軍用機の開発・生産を行っていたが、1950年代から民間ビジネスジェット機の開発を開始した。ダッソーが生産するビジネスジェットには、ファルコン・シリーズの名前がつけられている。

ダッソーはフランスのメーカーだけに、ブランド品で内装を行うことが人気のポイントとして挙げられている。

ダッソーの本社はサン＝クルーにある。そのため、サン＝クルーの住民の一人当たりの平均資産額は高い。このことには大いに注目すべきである。すなわち、ビジネスジェットに関連する経済効果は実際に高いということである。

（3）エアバス

ヨーロッパ4か国が共同出資する航空機メーカーであり、一般的にはヨーロッパを代表する大型機のメーカーとして知られている。アメリカのボーイング社と大型機の市場でしのぎを削っており、そこには欧米間の政治が絡むほどである。アメリカは、ヨーロッパ政府がエアバスに補助金を与える行為が不公正貿易であると訴え、国際訴訟になっている。国際経済学においても代表的な事例としてよく取り上げられる。

エアバスはビジネスジェット市場にも参入している。Airbus Corporate Jets（ＡＣＪ）である。エアバスは２０１９年1月17日、A 320 neo のビジネスジェット版「AC 320 neo」の引き渡しを開始したと発表した。初号機はイギリス・ファンボローを拠点とするアクロポリス・アビエーションへ引き渡している（Aviation Wire 2019.1.17）。

AJCneo は、A 320ファミリーに新型エンジンと翼端の大型ウイングチップ「シャークレット」を採用した、A 320 neo ファミリーのビジネスジェット版である。A 319 neo（1クラス１６０席）をベースとするACJ 319 neo と、A 320 neo（1クラス１８０席）を母体にするACJ 320 neo の2機種で構成されている。標準仕様の座席数はACJ 319 neo が8席、ACJ 320 neo は25席と、旅客機に比べて大幅に少ない。航続距離はACJ 319 neo が６７５０海里（1万２５００キロ）で15時間以上飛行でき、ACJ 320 neo が６０００海里（1万１１００キロ）で13時間飛行できる。ACJ 319 neo は、ベースとなるA 319 neo がＥＡＳＡ（ヨーロッパ航空安全局）とＦＡＡ（アメリカ連邦航空局）から型式証明を取得。数か月以内の引き渡しにめどが立った。

また、２０１９年5月20日、トゥールーズ－フォーシーズンズホテルアンドリゾートは、A 321 LR

をラグジュアリーワールドワイドトラベルのプライベートジェットとして選択し、エアバスの企業用ジェットファミリーのための新しいサービスを開始した。航空機は2021年に就航する予定である。エアバスのA 321 LRは、NEO[1] ファミリーの最新航空機の1つで、新しいエンジンと翼端に取り付けられたシャークレット、さらに貨物倉に追加の燃料タンクを備えている。これらの機能により、A 321 LRは、近くの空港に着陸する能力を維持しながら、世界中のランドマークの観光スポットにノンストップで飛行することができる。

同じ2019年5月20日、ジュネーブドイツ政府は、3つのACJ 350-900 XWBを確定注文し、このタイプの最初の政府顧客となった。最初の航空機のデリバリーは2020年に予定されており、他の2機は2022年に予定されている。

このあたりのクラスのビジネスジェットになると、飛行機に乗っているという感覚はほとんどなくなってくる。豪華なホテルに滞在しているのとほぼ同じ状態で移動ができるのだ。ベッドルームやシャワールームなどは完全にセパレートされているし、ダイニングルームも地上と同じように利用できる。

もちろん、購入価格は中型機に比べて格段に高くはなるものの、世界には一般には想像できないほどの富豪たちが相当な数存在することも確かである。こうした人々の需要を満たす最適な機材といえるだろう。

それに、エアバスは世界中にその拠点をもっている。エアバスは世界中の航空会社が保有し、運航を行っているので、保守点検を委託できる場所も多く見出せる。そして、数多くの運航実績から安全性も保証されている。

また、上記のように、大型機だけに航続距離が長いという利点も見逃せない。これはビジネスで利用する際には非常に重要な点である。離発着にはそれ相応の長さを擁する空港があることが前提だが、このクラスの大きさのビジネスジェットを利用する場合には、それほど辺鄙な場所に行くことはないだろうから、空港探しに苦労するということはまず考えられない。

（4）ボンバルディア

中小型機市場において長年大きなプレゼンスを誇ってきたのがカナダのボンバルディアである。モントリオールに本部がある。航空機や鉄道車両、保安設備など幅広く製造している。飛行機部門では世界第3位である。1936年にスノーモービルの製造・販売を開始したことから同社の歴史は始まった。航空会社としての歴史は、1986年に始まる。1990年にリア・ジェットを傘下に収めることによって、ビジネスジェット市場におけるリーディング・カンパニーの1つとなった。

ボンバルディアは、すでに民間定期輸送にも多くの機材が世界中で使用されており、知名度も高く、世界中に整備拠点があるという点から、ビジネスジェットの販売においても優位性がある。

なお、ビジネスジェットを販売する他社は、日本における販売について商社に委託しているが、ボンバルディアは、日本において唯一直販体制をとっているのが大きな特徴である。

（5）リア・ジェット

リア・ジェットというのはビジネスジェットのメーカーおよびブランド名である。民間航空機メーカーとしては2012年の段階で世界第3位であった。リア・ジェット社はカンザス州ウィチタに製造工場がある。1990年にカナダに本拠があるボンバルディア・エアロスペースの系列会社となり、同社のビジネスジェット部門のブランド『ボンバルディア・リアジェット・ファミリー』の製品を製造している。

(6) セスナ・エアクラフト・カンパニー

「セスナ」の名前は日本人もよく耳にするだろう。小型機といえばセスナといってもいいほどである。この「セスナ」は小型機の総称ではなく、企業の名前である。

セスナ・エアクラフト・カンパニーは、１９２７年にアメリカカンザス州ウィチタで設立された。軽飛行機、ビジネス機のメーカーである。

同社のビジネスジェットとしては、セスナ・サイテーションソブリンがある。２００４年に型式証明を取得している。サイテーションXの胴体を延長し、このクラスとしては最大のキャビンを有しており、アメリカ大陸を横断することも可能である。日本の宇宙航空研究開発機構（ＪＡＸＡ）は、航空技術の研究開発用の実験機としてセスナ・サイテーションプラスを導入している。

このように、セスナも一般向けの小型機だけではなく、ビジネスジェット市場においても大きなプレゼンスを示している。

(7) ホンダ・ビジネスジェット

これらの海外のビジネスジェットメーカーに加え、近年、その存在感を増大させているのが我が国の「ホンダ・ビジネスジェット」である。いかにも日本が生み出した機体らしく、日本人の細かい感性が随所に活かされた素晴らしいものとなっている。

そして、ホンダ・ビジネスジェットに関してもっとも有名となっていることは、ホンダ・ビジネスジェットが開発される以前には非常識とされていたこと、つまり翼の上にエンジンを取り付けることで、機内空間をより広く設けることに成功したことである。燃費もよく、購入価格も低く抑えられている（5～7億円程度）。

ホンダ・ビジネスジェットについては、当初、開発において苦労する場面はあったものの、今や、所属するクラスにおいて世界トップのシェアを獲得するまでに至っている。

この点においては、、MRJ（三菱リージョナルジェット、後にスペースジェットと改名）が直面している苦境について語るときに、ホンダ・ビジネスジェットの開発の経緯が引き合いに出されることがある。MRJは三菱航空機が製造開発し、以前の国産機であるYS同様、国家プロジェクトとして推進されているといっても過言ではない面があるが、6回にわたる納入延期となっている。そのため、その先行きに対して危ぶむ声が高まっている。しかし、今でこそ大きな成功を収め、様々な場面で賞賛の的となっているホンダ・ビジネスジェットであるが、その開発段階では、MRJ同様に相当な苦労を伴ってきた。そして、その苦難の道を乗り越えて、ようやく今日の成功を収めたのである。こうして考えるならば、航空機開発において、長いブランクの期間を経たうえで、MRJの開発がなかなかうまくいかず、引き渡し延期を繰り返しているのも致し方ないことであり、それほど責められることではないのではないだろうかと思われる。

ホンダ・ビジネスジェットは、当初、北米市場で販売を行ってきたが、日本市場にはなかなか参入してこなかった。しかし、2018年になってようやく日本市場でも受注を開始した。その後、日本国内での受注も順調に進んでいるようである。有名人も購入し、SNSを通じてそのことを広く発信していることも、これからのホンダ・ビジネスジェットの日本市場での展開に大きな力となるであろう。

今後、ホンダ・ビジネスジェットが国際・国内市場における販売数を増やせば、それはホンダ・ビジネスジェット自体はもちろん、その部品の製造メーカーに利益をもたらすだけでなく、日本のビジネス・パーソンが仕事の時間効率を高める方向で変革をもたらし、日本の国内経済にも大きなプラス要因として働くことになるだろう。この点については、第6章で改めて論じることとしたい。

注

(1) この点については、シェアリング・エコノミーを日本でも何としてでも普及させようとする政府の規制改革推進委員会の意を受けた某マスコミの、この問題に関する報じ方を見ればよくわかる。海外において、この問題について多くの問題が発生していることは明らかな事実であり、海外のメディアもそのことについて大々的に報じているにも関わらず、当該メディアはそうした問題性にはほとんど紹介・言及することなく、そのメリットだけを政府方針に基づいて報じるだけである。果たしてこれが先進国のトップ・マスメディアかと大いに疑わざるを得ない状況が現実のものとなっている。

第3章　世界のビジネスジェットをめぐる状況

1　国別のビジネスジェットの状況

さて、世界では、ビジネスジェットはどのような状況の下におかれているのであろうか。本章においては、世界の主な地域におけるビジネスジェットをめぐる現状について見ていくこととしたい。

(1) アメリカ

①なぜアメリカでビジネスジェットが誕生したのか

プライベートジェット、ビジネスジェットはもともとアメリカで普及・発達したものである。そして、アメリカでは、ビジネスジェットは一般的に認められたビジネス・ツールとなっている。

そもそもアメリカと日本とでは国土の広さが違うし、アメリカでは気候も多様である。アメリカは広大な土地を有し、また砂漠もあれば山岳地帯もある。それゆえ、鉄道を敷設するには膨大なコストがかかり、維持するためのコストも高い。それでも国の発展段階ではある程度、鉄道網の建設も進めなければならなかったが、航空技術が発達してくると、航空の機動性が鉄道を凌駕するようになっていった。

そして、何よりも、航空の場合、基本的に空港を建設すればよく、その間の土地の整備はする必要がない。相対的に建設コストが鉄道に比べて安くて済むし、空港周辺の住民との間に騒音などの問題で係争が起こるなどしなければ、鉄道を敷設するよりも早く運航開始にこぎつけることができる[1]。

アメリカの現状においては、鉄道の利便性は、国土が狭く、また定時性にこだわる日本と比べてはるかに低いと言わざるを得ない状況にある。高速バス網も発達はしているが、やはり長距離移動となると利便性の面において航空への依存度は高い。

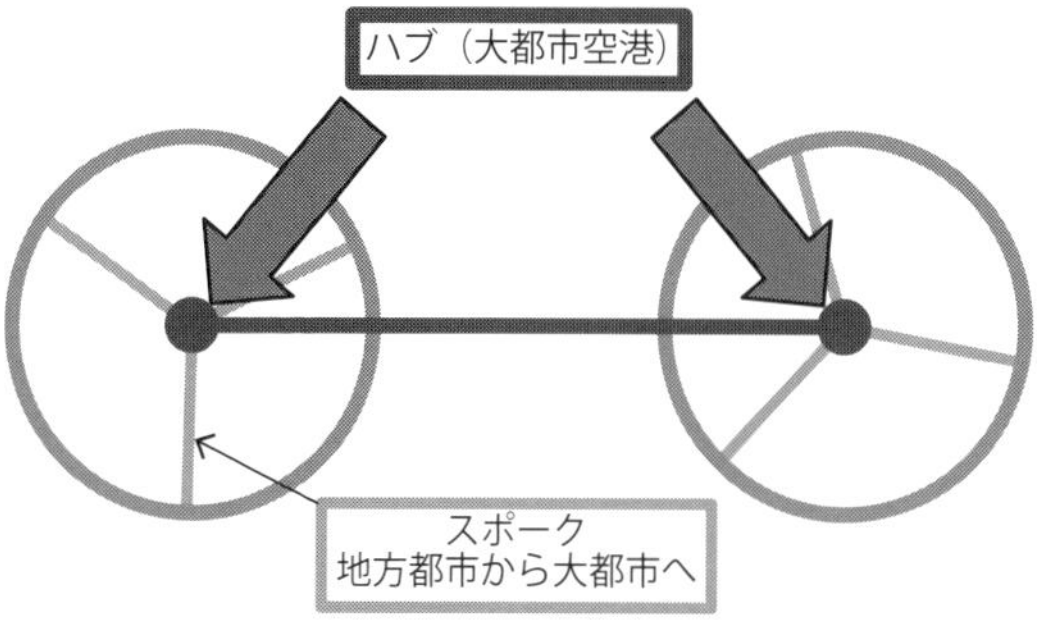

図3−1　ハブ・アンド・スポークシステム

アメリカの航空会社はいち早く「ハブ・アンド・スポークシステム（Hub & Spoke System）」を採用し、路線網を構築してきた（図3−1参照）。

ハブ・アンド・スポークシステムは、世界的な貨物専門の航空会社であるフェデックス社の創業者であるフレデリック・スミスがイエール大学の学生時代にその原案を経済学のレポートとして提出したことで有名である。

そして、その担当教授がそのレポートにCをつけたということも、この話を語る上で欠かせない「落ち」となっている。つまり、経営学を教えているといっても、教授がどこまで現実のビジネスについて理解しているか、あるいはベンチャービジネスに対する理解を持ち得るかははなはだ疑問であるということである。

この点に関しては、別の有名な事例がある。株式に関してオプション価格の評価の研究を行い、ブラック・ショールズ方程式の導出を行った経済学者はその功績によってノーベル経済学賞を受賞したが、その応用によって自らも経営陣の1人として事業を展開した。それが当時脚光を浴びたヘッジファンドであるＬＴＣＭであったが、当初は華々しい成功を収めたものの、１９９７年のアジアの通貨危機を転換として業績は悪化、ついには経営破綻し、アメリカ経済に大きなマイナスの影響を及ぼした。これを契機として、果たして実利的な研究に対してノーベル経済学賞を与えることがノーベル賞の本来の趣旨に照らして本当に相応しいものなのかどうか、その意義が問い直されることになった(2)。

② ハブ・アンド・スポークシステムからの脱却

さて、ハブ・アンド・スポークシステムは、文句を言わない貨物輸送においては非常に効率的ともいえる（貨物輸送についても、出荷地点から直接最終目的地に輸送するよりも、ハブを中継して配送する方が、地理的関係次第で余計に時間がかかる場合がある。その場合、サプライチェーンの効率性がその企業の競争力の源泉となっているような貨物輸送では大きな問題となる）。他方、旅客が地方間を移動する際、ハブ・アンド・スポークシステムを利用する航空会社の便を利用すれば、航空機をハブ空港で乗り継いでいくことを強要されるがゆえに、直行する場合に比べて余計に移動時間がかかる。そのため、航空会社にとっては効率がよくても、旅客にとっては望ましいシステムだとはいえない。

この点にいち早く対応したのがＬＣＣの元祖であるサウスウェスト航空である。サウスウェストは顧客の視点から、乗り換えることなく目的地に直接向かうことこそが、時間価値を最大化することに力点を置く航空輸送にとって重要であると考え、「ポイント・トゥ・ポイント（Point to Point）」と呼ばれるような、あくまでも二地点間の路線を構築していく上での延長線上に形成される結果的なものとして路線ネットワークを作り上げていった。そして、それが市場から好感を持って迎えられ、成功を収めたのである[3]。

しかし、こうして成功を収めた新興ビジネスモデルでさえ、やはり規定の路線でしか飛ばすことはできず、便数が多く設定されている場合でも、利用できる時間も限られているということができる。定期航空会社では、全面的に利用者の要望に応じてフリーハンドで自由に移動できるまでの利便性を提供することはできない。また、ＬＣＣであるからには、付加的に求められるサービスは基本的に提供しないし、機体をフル稼働させるためにタイトな運航スケジュールを組んでいるため、連続するフライトスケジュールの中で、どこかの路線で少しでも遅延が生じると、その遅延が増幅されていくことになる。つまり、定時性にも問題が生じやすいがゆえに、顧客層として、時間価値が高く、定時性が重要となるハイエンド、つまりトップ・エグゼクティブや富裕層の利用者はなかなか期待できないことになってしまう。

③アメリカにおけるビジネスジェットの優位性

ここにビジネスジェットの優位性が見えてくる。

アメリカのビジネス社会では、特に生き残り競争が激しい。そのような中で競争優位を獲得するためには、極限に至るまで時間価値を最大にしなければならない。そして、移動についてもその原則は変わらない。ビジネスジェットこそ、そうした需要を満たすことができるのだ。そして、ビジネスジェットに対する空港などの社会的インフラが、アメリカではきちんと整備されているのである。

これに対して日本では、一般的に労働生産性が低いということが問題になっている。そして、労働力不足の問題もあり、働き方改革ということが盛んに言われるようになった。しかし、現状は、未だ掛け声だけのような感が強い。働き方改革のポイントはいくつかあるが、その中でも重要なのは、時間価値を高めることであろう。その一環として、特に経営において極めて重要な判断を下さなければならないトップ・エグゼクティブの行動規範を考える上から、ビジネスジェットの価値を再評価することはとても重要なのである。

そこで日本も、ビジネスジェット先進国のアメリカについて、その歴史、ならびに法制度などの現状についてしっかりと学び、その良い点を積極的に導入していく必要がある。

さらに、ビジネスジェットの有効性を考える中で注目されたのが、２００１年のアメリカ同時多発テロの際、テロが起きた飛行機はすべて一般の航空会社による定期便の航空機だったということである。

その飛行機に乗るのが誰なのか、隣に乗る人が誰なのか、どういう人が乗るのかがわからない、というように、一般の航空機がリスキーな移動手段だということになると、世界の要人やエグゼクティブといったＶＩＰが定期航空便でテロに遭遇するかもしれない危険が高まることになる。

確かに、一般的な定期航空輸送においても、セキュリティチェックや手荷物検査など、一定の安全対策は行われている。しかし、ＬＣＣの台頭などで航空利用者が急速に増加している中で、こうしたチェック体制での安全対策にも限界がある。実際これまでにも、ＴＶの特別企画などで、規則で禁止されている物をセキュリティチェックの関門を潜り抜けて機内に持ち込めるかどうかということが何度か試され、それに成功した映像などが流されている。そして、最近日本でも、セキュリティチェックで通してはならない刃物をそのまま通してしまい、何便もの飛行機の発着を遅らせてしまったケースが起こり、大きな注目を浴びている。

この問題については、特に日本において深刻である。まずセキュリティチェックや手荷物検査をする係員の労働条件がよくない。勤務時間は不規則である上、給与もあまり高くない。セキュリティチェックを行う会社の経費は航空会社などから出されており、航空会社としてはなるべく経費を抑えたいと考えるので、なかなかセキュリティチェックや手荷物検査を行う人々の給与が上がるような環境にはない。その上、旅客にとっては、セキュリティチェックなどは面倒なものであり、セキュリティチェックの担当者に対して時につらく当たってしまうこともある。このような「劣悪な」労働環境にある中で、セキュリティチェックを行う担当者の離職率は高くなっている。セキュリティチェックは担当者が経験を積むことが重要である。それなのに、十分な経験を積む前に離職してしまう人が多くなるということは、それだけセキュリティチェックの体制が脆弱化することを意味することになる。

また、その一方で、ＬＣＣを利用する人の増加などにより、荷物を機内に持ち込もうとする旅客が圧倒的に多くなっている。また、スーツケースのメーカーも、航空機の機内に持ち込むことができる容量ギリギリの大きさの商品を販売し、それが売れ筋となっている。その結果、セキュリティチェックの現場では大量の荷物を瞬時にさばいていかなければならない状況に置かれている。このような状況においては、セキュリティチェックを担当する個々人の経験値がものをいうことになるのだが、先述のように、そのような大切な経験値を積む前に離職してしまうことが増え、セキュリティチェックの体制が危機的な状況を迎えようとしている。

この点に関しては、ＡＩをはじめとする情報技術の発展に期待するところが大きい。すでに入国管理における個人認証においては、ＡＩなどによってかなり自動化が進んでいる。その識別の方法も、指紋から目の虹彩など、より識別確度の高いものに変化しており、精度の向上を見ることができる。ＡＩの技術によって、セキュリティチェックのありようが根本的に変化すれば、空港のありようも根本的に変化するようになるだろう。現在のように、特別のチェックポイントを設けなくても、空港の敷地内に旅客が一歩足を踏み入れた段階でＡＩによる監視機能が働き、その人をすぐにモニターし、その危険度を的確に把握できるようになる。[4] そういうことが可能になれば、現在の電車の駅におけるのと全く同じように、飛行機に乗るまで、何か特別な手続きをする必要もなく、出発時刻間際に機内に飛び込むような乗り方も可能になってくるだろう。そうなれば、航空輸送の鉄道輸送に対する競争力は格段に上昇するだけでなく、海外旅行も国内旅行の感覚にさらに近づいていくことになる。また、空港というもののあり方が根本的に変わってくるだろう。現在のような一種閉鎖的な空間である必要はなくなり、誰でもが施設内をどこまでも自由に歩き回れるようなものとなる。そして、周辺地域の住民もより気軽に施設を利用できるようになり、周辺地域との関係性はより強化されていくことになるだろう。

さて、先述のようなリスクを抱える民間定期航空機に対して、ビジネスジェットのように運航計画も、搭乗地も、目的地も、安全管理の方策までも自分で仕立てる航空機であれば、搭乗者は知っている人・安全が確認される信頼のおける人しか乗っていない。よって、航空機による移動であってもビジネスジェットを利用すれば、ＶＩＰがテロに遭遇することはまずありえないということが、安全面からもビジネスジェットの普及を後押しすることになったのである。さらに次のような事例もある。２０２０年初頭に中国武漢市で発生した新型コロナウイルスは、中国国内だけでなく、東アジア、東南アジアと広がっていき、同年3月11日には世界保健機関（ＷＨＯ）がパンデミック（世界的大流行）であることを宣言した。ヨーロッパ、特にイタリア、スペイン、そしてフランスでは感染者が急増し、イタリア、スペインでは非常事態宣言が発せられた。こうした状況においてアメリカのトランプ大統領はイギリスを対象外として（後にイギリス・アイルランドも対象となる）ＥＵからアメリカへの入国を禁止する措置をとった。その際に注目されたのがプライベートジェット、ビジネスジェットである。入国制限が行われるまでの期間が迫る中、定期航空便の予約は取りにくくなっており、その運賃も高騰していた[5]。そうした状況下で、ある程度の資力のある人々は、プライベートジェット、ビジネスジェットを利用してヨーロッパからの脱出を図ろうとしたのだ。またプライベートジェット、ビジネスジェットであれば、不特定の他者と同じ空間を共有することはないので、移動中に新型コロナウイルスに感染する可能性は限りなく低くなる。このように、テロに対するのと同様の判断がプライベートジェット、ビジネスジェットに対しても働いたのである。

④アメリカにおける空港環境

そして、アメリカではビジネスジェットを効果的に運用するためのビジネスジェット専用空港の整備も進んでいる。

その中でも、ニューヨークにあるテターボロ空港が有名である。

テターボロ空港は、アメリカの経済の心臓部であるニューヨーク・マンハッタンのミッドタウンから19kmという至近の距離にある。そのため、企業や個人が所有する航空機のためによく使用されている。そして、国内外にチャーター機を飛ばす多くのチャーター企業の拠点となっている。

テターボロ空港は、重量制限のため、商業空港としては利用できないが、そのことが逆にテターボロ空港のビジネスジェット専用空港としての戦略性を明確にする要因となっていると考えることができる。一国の経済の中心地周辺に有効なビジネスジェット専用空港があることの意義は大きい。

激しい。

(2) ヨーロッパ

① ヨーロッパにおける航空政策の歴史的展開

ヨーロッパでも、アメリカ同様、国際ビジネスは成熟している。そして、その中での生き残り競争は激しい。

そうした中、航空事業をめぐる政策はアメリカに比べて長らく保守的な状況が続いてきた。それは後述のように、アメリカとの関係が大いに影響している。

特にフランスとドイツはヨーロッパの中でも保守的な態度をとってきた。すなわち、航空行政において強固な規制政策がとられてきたのである。

第二次世界大戦下においてもアメリカは自国の領土内が戦場となることもなく(6)、大きな損害を免れ、順調に発展を遂げた。その経済の需要を吸収し、世界の先進的な地位を獲得したアメリカは自国の航空会社の圧倒的な競争力を背景に、ヨーロッパの航空市場をも手中に収めようとヨーロッパ市場に攻勢をかけた。ヨーロッパ市場はそれに対抗するため、自らの変容を迫られることになった。というのは、ヨーロッパは第一次世界大戦、第二次世界大戦いずれにおいても直接の戦場となり、そこからの復興というハンディをアメリカに対して負っているとともに、ヨーロッパの一つ一つの国の市場規模はアメリカに対して各段に小さく、一国単独ではアメリカの力には対抗できないからであった。

とはいえ、ヨーロッパの国々の中でもアメリカの攻勢への対応において足並みがそろっていたわけではない。オランダのように、国の面積が小さく、国外市場にビジネスチャンスを見出していかなければならない国は、アメリカのとる自由化政策に同調するようになる(世界史を見てもこの点は理解できよう。オランダ、ポルトガルはヨーロッパの中でも先駆ける形で外洋に飛び出していった。それが鎖国時代の長崎での貿易を通じて、日本史にも大きく関わっていることは我々もよく知っているところである)。そして、アメリカとオランダの間で結ばれた自由化協定をきっかけとして、ヨーロッパ諸国もアメリカの提示する自由化政策を徐々に受け入れざるを得ないようになっていった。いわゆる「包囲戦略」である。たとえ、フランスやドイツがアメリカからの自由化攻勢を阻もうとしても、オランダが安い運賃での航空輸送をアメリカとの間で行うことを承認すれば、フランスやドイツの人々も、オランダまで鉄道などで移動して、そこからアメリカまでの安い運賃で移動できる道を選択するようになる。このことは、ヨーロッパの国々が陸続きで近接していることによって可能となることであった。こうして、フランス、ドイツの保守的姿勢は周辺から切り崩されていった。

②欧米の航空を取り巻く環境の違い

アメリカに対し、ヨーロッパ内では国際的な鉄道網が発達している。しかも、空港と鉄道はうまくリンクしており、相互利用がしやすい。このことが、上記の「包囲戦略」を可能にしたのだ。ヨーロッパ、特に北欧では、交通モード間の連携が他の地域に比べて進んできた。昨今、日本で進められようとしているＭａａＳ（Mobility as a Service　交通機関のインターネット化）にしても、そのモデルとなっているのは北欧における交通政策である。

北欧では、歴史的に公共交通を大事にしながら、自動車交通との両立を図ってきた。ここが日本の場合と大きく違う点である。

これに対して日本では、高度経済成長期において、より利便性の高いものとして自動車を優先させるような政策をとり、公共交通と両立させていこうといった観点はないといっても過言ではなかった。このことの1つの例証を、日本の地方の道路に見ることができる。地方では歩道と車道が区別されていないところが多く、狭い道路の場合、歩行者の安全は車の通行によって事故に巻き込まれはしないかと、脅かされることが多い。これこそ、自動車が優先された政策がとられてきたことの現れだということができる。

北欧は、これまでにおいても、ノキアなど、携帯電話などの先進技術産業において競争力を発揮してきた。そうした先進的な技術基盤のもとに、公共交通と私的交通を融合させていったのである。現在、日本でもＭａａＳの導入、浸透を図ろうとしているが、そのモデルとなっている北欧地域との間のこうした歴史的相違を踏まえ、日本の国情に合わせた形で進めていかなければ、たとえ形式的にシステムを導入できたとしても、その実効性には疑問が残り、新たな問題が生じてくる危険性もある（たとえばライドシェアをＭａａＳの中に組み込むようなプランが立てられているが、ライドシェアには様々な問題がある。これについては別項において小生の別稿を参照されたい）。

ヨーロッパにおいて、鉄道と航空が早い段階から有機的に結合され、ネットワーク化されてきたのに対して、日本では、成田空港の開港当初の状況に見られたように、国際航空の玄関口である空港と鉄道との直接の接続さえできていない状況であった。羽田空港においても、京浜急行が羽田空港に直接乗り入れることができたのは、１９９８年になってやっとのことである。その後、各地の空港に鉄道が乗り入れ、接続性、利便性は改善されていくものの、交通機関間の連携によって総合的な交通の利便性の向上を図ろうという取り組みはまだまだ遅れていると言わざるを得ない(7)。

③ヨーロッパにおける航空政策自由化の進展

ヨーロッパにおける航空政策の自由化が決定的に進んだのが1993年のEU統合のタイミングである。この自由化は政治的な要因に関わる偶然性にも助けられたこともあるが、これまで国の単位で進められてきた航空政策が、EU全体のものとして扱われるという、大きな政策上の転換点となった(8)。

こうして、1993年のEU統合に伴い、偶然性もあり、ヨーロッパではそれまで予想できなかったような大幅な自由化が進められることとなった。EU統合に伴う市場統合と軌を一にして、航空市場も国籍概念が希薄化され、域内であればどこに本社を構えて営業してもよくなったし、EU域外との航空交渉は、EUの各国がバラバラに行うのではなく、EUとして行う、といった変化である。アメリカの航空政策の自由化は主に国内の物であったのに対して、EUの航空政策の自由化は、EU内が中心とはいえ、国際的な色合いが強かったことが大きな違いであったといえるだろう。

EUにおける航空政策の自由化の中で、特にビジネスジェットに関わることとしては、EU域内におけるカボタージュライト（後に詳述）がEU企業に対して、どこの国であろうと全面的に開放されることになったことがある。その結果もあり、ヨーロッパにおいてビジネスジェットの利用・普及は進んできたのである。

④ヨーロッパにおける歴史性

それに、もともとヨーロッパでは貴族階層など、支払能力などに応じたサービスの差別化に対する一般市民の感覚も日本などとは違っており、その差異が妥当性をもつと思われるなら自然な形で受け入れていることも、ビジネスジェットが普及している一因としてとらえることができるだろう。つまり、多額のお金を支払うのであれば、それに応じた特権的なサービスを受けたとしても当然であり、その一方で安い値段で同種のサービスを受けようとする人々が、前者のために、たとえばそのサービスを受けるための待ち時間が長くなったとしても、それは当然受け入れなければならないという認識が十分に行き渡っているということである。実際に、ヨーロッパでは現在でも「貴族」とされる人々が存在することを見れば、つまり歴然とした階級社会が残存していることからも、日本のように、何事であれ、総平等主義を唱える傾向の強い社会状況との違いはある程度認識できるだろう。

つまり、日本では、どのような状況、背景があるにせよ、とにかくサービスの平等性を求めるところがあり、日本の航空政策では、そのような国民性が色濃く反映されてきた。こうして見た場合、ヨーロッパ、そしてヨーロッパ文化に起源を発するアメリカでは、そもそもビジネスジェットを許容しやすい社会環境であったということができよう。

そして、ヨーロッパの先進各国においては、ビジネスジェットの利便性を最大限発揮できるようにするためのインフラであるビジネスジェット専用空港、あるいはビジネスジェットの受け入れ環境がきちんと整備されてきている。

(i) イギリスの場合

たとえば、ロンドンにあるファンボロー空港は、元軍用空港であったが、TAG Aviation 社がビジネスジェット専用空港として2003年から運営を開始した。現在では世界一のビジネスジェット専用空港となっている。滑走路は2440m×46mである。

ファンボロー空港では、給油会社、飲食業、消防等、50の事業者が拠点を構えている。その中には、代表的なビジネスジェットのメーカーであるGulfstream, Dassault Falcon, Flight safety等が含まれている。

最近までファンボロー空港を運営していたTAGの従業員は１４０名で、関連産業の職員は1200名を数えた。現在は、TAGからMacquarieグループに経営権が移っている。ファンボロー空港では2年に1度、航空ショーを開催している。年間のビジネスジェットの利用回数は3万回に上っている。(9)

なお、英国ファンボロー（ビジネスジェット専用空港）の運営を行っているTAGの責任者に対して筆者たちが行ったヒアリングでは、ファンボローでは、ロンドン・オリンピック開催に備えて、その開催の4年前から、ビジネスジェットの受け入れをどのように行っていくかについて、官財界が連携し、対策を練り上げていったとのことであった。これに対し、日本では未だそうした取り組みを行おうという兆候も見ることができていない。

ロンドンオリンピック・パラリンピック開催中のロンドン首都圏域でのビジネスジェットの飛来機数は約3000機であった。そのうち、オリンピック需要による利用は約1500機と推計されている。これは、東京首都圏域での1年間の飛来数とほぼ同数であり、いかに東京オリンピック・パラリンピックに向けたビジネスジェットの受け入れ準備が喫緊の課題であるかということを示すものである。現状では、第4章4節（2）で見るように、羽田空港におけるビジネスジェットの受け入れ枠は極めて少ないし、他の大都市空港においても、羽田空港ほどではないにしても、それほど恵まれた受け入れ状況にあるとは到底言えない。

なお、北京オリンピックが開催された際には、1000機程度のビジネスジェットが飛来した。そして、その際の受け入れの経験が、その後の香港ビジネスジェットセンター（HKBAC）の発展につながっている。日本もこれに見習って、東京オリンピックをきっかけとしてビジネスジェットのハンドリングに習熟し、またその重要性を十分に理解することによって、その後のビジネスジェットの普及・発展につなげていかなければならない。

（ii）フランスの場合

ヨーロッパを代表する国の1つであるフランスにおいても、ビジネスジェットの受け入れ体制はきちんと構築されている。

フランス、パリのルブルジェ空港もヨーロッパを代表するビジネスジェット専用空港である。ルブルジェ空港は、フランスで最初の本格的な空港として1919年に開港した。1932年にオルリー空港が開港するまで、パリで唯一の国際空港として多くの航空会社が乗り入れていた。1974年にシャルル・ド・ゴール国際空港が完成すると、定期旅客便はそちらに移行し、ルブルジェ空港はビジネスジェットの専用空港として使用されるようになった。また、パリ航空ショーは隔年で6月にルブルジュ空港で開催される。

この他のヨーロッパの国々においてもビジネスジェットの受け入れ体制は整備されてきている。日本も、ヨーロッパを相手にビジネスを展開しようとするのであれば、彼らが利用するビジネスジェットが日本にも飛来できるようにし、また日本からのビジネスジェットを利用してヨーロッパに通うことができるようにすることで、お互いの交流も多面的になり、新たなビジネスも生まれやすい環境が醸成されるだろう。是非ビジネスジェット専用空港など、ヨーロッパ諸国のビジネスジェットをめぐる環境整備の例に学び、今後ビジネスジェットに係るインフラを日本で整備していく際の参考としなければならない。

(3) 中国

① 中国の急激な経済発展と富裕層の増大

近年、中国は目覚ましい勢いで経済発展を遂げている。すでにＧＤＰ総額では日本を抜き去り、世界第2の経済大国として、世界経済に大きな存在感を示している。今後も中国の国際市場におけるプレゼンスが薄れることは当分ないだろう。

そして、それに伴って、中国ではＩＴ起業者を中心に富裕層が急速に増大している。現在では、富裕層の広がりも、アメリカを上回るとの見通しがなされている。[10]しかも、中国の富裕層には金遣いが派手である人も多いという点も見逃せない。そして、それに伴い、ビジネスジェットに対する需要も増加している。

事実、中国のＩＴ企業は目覚ましい成長を遂げ、アメリカのトップ企業をも凌駕する勢いを示している。その代表がＢＡＴＨと呼ばれるものだ。

アメリカのＧＡＦＡ（Google, Apple, Facebook, Amazon）に対抗するＢＡＴＨ（バイドゥ、アリババ、テンセント、ハーウェイ）の世界経済における存在感は急速に増大している。最近では、ＢＡＴＨの方がＧＡＦＡを上回る存在感を示しているといっても、それほど過言ではない状況になっているし（２０１９年11月11日、中国では恒例の「独身の日」に伴うアリババの売上がどうなるのかが注目を集めていた。その直前の時点では、中米の間で貿易をめぐって関係が悪化しており、アリババもアメリカ製品を扱わず、売上が伸びないのではないかということが懸念されていた。しかし、いざふたを開けてみると、２０１９年の売上高は史上最大額を更新し、1日で4兆１７００億円を記録することとなった。これは日本の楽天の1年間の売上高の１・２倍にあたる）、そうした企業を成功に導いた起業家たちは、世界の富裕層ランキングの上位に名を連ねている。[11]

②中国におけるビジネスジェット市場の発達

そして、富裕層の拡大と、中国企業が世界に積極的に進出し、ビジネスを手広く展開していることに伴い、中国でチャーター航空機の市場が広がっている。企業幹部の利用が増えているが、同時に注目すべきなのは、中国では商用機以外のプライベートジェットが富の象徴とみられる傾向があり、アジアの一大市場に育ちつつあるとの報道がなされていることである。

経済的成功者は、その成功を顕示することで自己実現欲求を満たすことができ、また若者もそうした成功者の姿を見て自分のそうなりたいという野心をもち、その目標の実現のために懸命に努力するという社会的な好循環構造が機能しているといっていいだろう[12]。もっとも日本でも同様なあり方が望ましいと完全に言い切ることはできない。というのは、金銭的成功が絶対視されるようなことになってしまっては、社会的道徳も廃れてしまい、社会の本当の豊かさが失われてしまうからだ。ちょうど中国が「正統的」社会主義経済から段階的に市場経済を取り入れていく中で「拝金主義」が問題となったが、それと同様の問題である。とはいえ、経済的成功者が果たす若者層に対する牽引役モデルは、国としての成功モデルとして学ぶべき点は多いはずだ。実際、経済的停滞感が長期化する中で、現在、日本では国が主導するような形で若者に起業を促している。そうであれば、なおさら、こうした中国の成功者モデルに学ぶところは大きいだろう[13]。

③中国におけるビジネスジェットのインフラ整備

こうした状況を受け、中国では、ビジネスジェットをめぐるインフラの整備も進んでいる。中国国内でプライベートジェットを受け入れる空港はすでに300を超え、2020年までに500まで広げる目標もある。

それは、アメリカと同様に、中国の国土が広いということも一因であるが、社会主義国特有の事情として、行政におけるトップダウンで公共事業が短期間で大規模に行われ得るということもある。

たとえば政府直轄市の天津市の天津濱海国際空港では、プライベートジェット専用ターミナルが２０１５年9月29日にオープンした。

「天津濱海国際空港は近年プライベートジェット機の利用需要が急激に伸びていることから、従来ある国内線ターミナルの一部を改造し、プライベートジェット専用ターミナルを設置した」。

「専有面積は２８３０平方メートルで、一般航空便利用客から分離された独立の税関、検疫、イミグレーション、安全検査場を備えている。

天津濱海国際空港では従来年間６００件ほどだったプライベートジェットの利用数が２０１４年は１２８９件まで増え、２０１５年も８月末までにすでに９０７件を数え前年比27・75％も増加している状態となっている。

今後天津濱海国際空港では、プライベートジェット専用の格納庫や補修設備施設も整え、プライベートジェットのサービス拠点として機能性を高めていくことを目指している(14)」。

このような迅速なインフラ整備のあり方は現在の日本では到底真似できないものである。建設予定地での住民に対する説明と合意形成、環境問題への対応など、相当な時間がかかることを覚悟しなければならない。たとえば、一般的な空港を建設する際には、日本では10年から20年の歳月を必要とする。これに対して、マレーシアのクアラルンプール空港については、プランーション農場が空港建設地とされたために、かなり短期で着工から開港にまで結び付けている。また、香港の場合、従来国際的空港として運用されてきた啓徳空港が航空需要の増大によって容量オーバーとなる一方、香港市内に位置していたために敷地の拡張余地が全くなく、郊外に新たに新空港を建設することになった。その決定は英国施政下段階でなされ、建設が着工されたが、その建設期間の最終段階の時期が、1997年のイギリスから中国への施政権の返還の時期と重なったことから、もし工期が遅れて返還の時期に間に合わなかった場合、中国側に香港が返還された時点で、当該空港の建設が継続されるかどうかという不安が生じた。そこで返還の時点までに間に合わせるべく、異例の急ピッチで建設工事を進めなければならないことになった。結果的には返還の時には間に合わなかったものの、新空港の建設は続行されることとなり、現チェク・ラプ・コク国際空港が運用されている。この間の経緯は市販のDVD「ドキュメンタリーディスカバリーチャンネル 巨大空港建設プロジェクト：香港の挑戦」（2007年12月）で見ることができるが、急ピッチで建設工事が進められていく過程を見てみると、とても日本では実施できないようなプロセスを踏んでいることがわかる。是非読者の方々にもご覧いただいてご自身で日本との違いを見取っていただきたい。

現代においては経営においてスピード感が試されることも確かであり、日本では、どうすればよりシステム的にスムーズにインフラ整備を行うことができるかも早急に検討していく必要があるだろう。

④今後の懸念材料

ただ、今後の中国におけるビジネスジェットをめぐる状況として気がかりなことは、習近平政権が、中国国内で反腐敗運動を展開していることである。そうした運動を受け、富裕層の間には、政府当局に目を付けられたくないとの心理も働いてきている。その結果、上場企業が株主の目を意識して、資産スリム化の一環として維持費用がかかる社用機を手放し、チャーター機に切り替える動きも出ている。

しかし、経済発展とともに、中国での政治の自由化は、さらに一定限度は進めざるを得ないし、腐敗が抑えられていき、事態が正常化されていくにつれて、やましい問題を抱えていない富裕層は以前のように自由に行動するようになるだろう。したがって、こうしたビジネスジェットをめぐるマイナスの動きも、近い将来には改善されることになるに違いない。

中国では超富裕層が急増している。そして将来、アメリカの富裕層を上回る見通しである。ただし、ギャンブル好きといわれる国民性を反映してか、中国の億万長者はリスクを大胆に受け入れることが特徴的であり、毎年多くの人が超富裕層入りを果たす一方で、その半分に当たる人々がその層から転落している。また、政府当局が汚職に対する取り締まりを強化している中、富裕層の警戒感も高まっているようだ。

⑤中国における空港政策の転換

その一方で、現在、中国も日本同様、空港を作り過ぎたという懸念が広がっている。

「中国政府が中小規模の空港に対して投入する補助金が直近5年間で3倍と大きく膨れ上がっている。各地で空港を急ピッチで整備してきた一方、旅客需要が思うように伸びず、中小空港の7割が赤字に苦しむ。

航空強国となるための基礎を固めるとして、中国の航空当局は２０１６年、20年までに旅客数を15年比6割増の7億2千万人に引き上げる中期計画をスタートした。空港を3割増の２６０か所以上にする予定で、各地で工事が進めてきた。

建設地の多くは各省の2番手以下の都市である。地方への交通の便を改善して人の往来を増やし、経済を刺激するのが狙いである。沿岸部都市圏への過度な集中を避け、内陸部を底上げしたい政府方針に従っている。

しかし、旅客数が安定して伸びているのは北京や上海など大都市にある空港だけだ。地方にある中小規模の空港の1割は18年に利用者が前年割れするほどで、7割は不採算だ[15]」。

中国の国土は広く、また内陸部は砂漠であったり峻厳な山岳地帯であったりして地理的・気象的条件は厳しいものがある。そのため、鉄道を敷設し維持管理することは高いコストがかかる。

チベット鉄道の敷設のことを考えてみればこのことがよくわかる。峻厳な高度山岳地帯を切り開き、鉄道を開通させる作業は想像を絶する難事業であったことは間違いあるまい。

しかし、それを実行できるところに中国の政治力の強大さを見出すことができよう。それに地方では人件費が安いということもある。その労働力を大量に動員することが強大な政治力によって可能になるし、地元の側もそれを歓迎する。多くの雇用がこれによって生みだされ、地元経済が潤うことになる。これはまさしくケインズ的な積極的経済政策である。

また、これによって「チベット鉄道」という新たな観光資源が誕生したことも確かである。難事業ではあったものの、その経済効果は極めて大きかったということも可能である。

ここで本題に戻すと、国土が広く、鉄道を全国に敷設していくには膨大なコストがかかる。これに対して、航空輸送の場合は、アメリカのところでも述べたように、空港を建設しさえすれば、空港間の陸上部の開発は行わなくてよい。その上空を飛べばよいだけだからだ。もちろん、上空を通過する地域、特に離発着の騒音が大きい空港周辺地域の騒音対策の問題などはあり、それを解決する必要はある。ただ、空港周辺の地域は、東京のような場合は別として、一般的にいって、空港ができることによって期待される経済効果の方を優先的に考える傾向が強くなるため、騒音問題が深刻化し、空港建設が完全に拒絶されるという事態にまで至ることはあまりないと考えていいだろう。

このように、いったん空港の開発が急速に進められていけば、航空ネットワークは一気に拡大することとなり、人、物の移動が促され、国内経済、そして国際経済も活性化される可能性が大きくなる。しかし、その一方で地域によっては、せっかく空港があっても、それをどう活かしていくか、つまり、空港から市内へのアクセスや市内の宿泊施設など、受け入れ態勢がまだ十分に整備されていない場合、また、その取り組み姿勢自体が的を外している場合（自らは良かれと思って整備していても、それが利用者にとっては不都合であったり不適合であったりする場合）、空港が十分に活用されることにはならないこともある。そうした場合、空港の存在を通して新たなビジネスチャンスを見出すためにも、定期航空会社の路線だけでなく、ビジネスジェットを積極的に迎え入れていくことは、中国の地方空港の生き残り戦略として１つの重要な選択肢となっていくだろう。

中国では、１９７０年代末からの鄧小平国家主席による改革開放政策によって、社会主義を根本に据えながらも、そこに市場原理を導入していくことで急速な経済発展を遂げていった。その際に、深圳など沿海部の地域を経済特区とし、成長の牽引役として経済の振興政策を推進していった。そして、その恩恵を他の地域も順次享受できるようにするという方策を掲げたのである。つまり全国一律的な発展政策ではなく、とにかく発展可能性の高いところから順次経済発展を実現させ、その効果を全国に波及させていこうとしたのである。

こうした政策の結果、沿海部は急速に経済発展を遂げていったが、内陸部への経済波及効果はなかなか見出すことができず、両地域間の格差問題が喧伝されるようになっていった。しかし、翻ってみると、内陸部はまだまだ経済発展の余地が大きいということでもある。そうした地域への移動に関しては、アフリカなどの場合と同じく、機動性を求めるならば、ビジネスジェットの有効性は明らかである。中国の内陸部の空港におけるビジネスジェットによる成長戦略の策定・実施を是非期待したい。

(4) 香港

中国に関して考える場合、香港の存在も重要である。1997年に英国から返還されて以来、一国二制度体制がとられる中、香港は中国における資本主義の牽引車としての役割を果たしてきた。アジアにおける金融センターとしての地位を、シンガポールとの間で争っている。

ただ、2019年3月以来、中国に逃亡犯条例改正案、つまり刑事事件の容疑者を中国本土などに引き渡すことができるようにすることを目指した香港政府に対する反対デモが長期的に、かつ過激に行われていることで世界的に注目を浴びている。こうした状況は、ちょうど日本でもかつて1960年、1970年の日米安保条約の改定をめぐって、学生運動が吹き荒れた時代を想起させるものである。成田開港をめぐる闘争も同様である。

香港をめぐるニュース報道では、政府側の弾圧ばかりが非難されているが、過激化した学生の行動を見ると、まさに取締にあたっている警官や軍人を本当に殺そうとしているようにしか見えない行動も見てとることができ、それに対して自衛的行為をとるのもやむを得ないのではないかとも思われてくる。もちろん、そうだからといって取り締まる側が正しいと言っているのではない。ただ、ここでも報道の仕方に問題があるのではないか、つまりできるだけ客観的に報じようとする姿勢がもはや多くのマスメディアに見られなくなっていることの問題性を指摘したいだけである。

中国は国土が広く、非常に多様な民族を一国の政治制度の中に抱えている。それがゆえに、国内の多くの地域で、今回の香港と同様、マイノリティ民族の扱いをめぐる問題を抱えている。ウイグル地区しかり、チベット地区しかり、といったところである。台湾も、その中の最も重要な問題に含まれるだろう。

したがって、中国としては、1つの地域で妥協的な姿勢を示せば、他の地域でも同じような妥協を強いられることになるだろうことが容易に予想されるので、そう簡単には学生側の要求を受け入れることはできない。その結果、今回の事態の収拾についても、相当な時間がかかる可能性はある。しかし、香港の場合に限って言えば、香港の経済界、そして一般の市民がどこまでこうした混乱を容認するかは大きな疑問である。これによって香港の経済活動が停滞する可能性が出てくるとすれば、当面の経済的利得を求める動きが強まってくるだろう。そう考えると、今後も香港に関しては、一国二制度のあり方をめぐり対立する立場にある集団の間で紛争が起こっていくだろうが、大枠としてはそれほど変わりなく推移していくだろう。中国としても香港のもつ経済力をそう簡単に弱めるような政策を強引に推し進めるとは思われないからだ。アジアの金融センターとしての地位をめぐって、中国という巨大な経済的可能性も背景に、香港はこれからもシンガポールとの間で激しい競争を繰り広げられていくものと考えられる。

そうした世界経済の先端の一翼を担う香港では、当然ビジネスジェットの利用も進んでいる。また、香港の中国返還を機に建設されたチェック・ラック・コップ空港の開港によって、それまで市内にあって便利であった反面、敷地が狭く、容量の限界に達していた啓徳国際空港と比べて格段に大きな発着容量を提供できるようになったことも、ビジネスジェットの利用促進の追い風になっている。逆にいえば、チェク・ラプ・コク国際空港が開港し、空港容量が拡大され、ビジネスジェットが十分に稼働できるような状況ができたからこそ、金融センターとしての地位を高めることができたのだと評価することも可能である。

香港を拠点にプライベートジェットの管理や予約を担当するジェット・ソリューションによると、香港から関西国際空港への往復料金は1人あたり3万8000香港ドル（約52万円）である。これは、航空会社のファーストクラスの料金に近い。一見高くて手の届かないように思われるビジネスジェットであるが、実際の料金を知り、ファーストクラスとそれほど大差がないということが分かれば、旅客がプライベートジェットを選ぶ可能性は極めて大きくなるのではないだろうか。確かに、そうであっても依然として定期航空便のファーストクラスを選択する人も多いだろう。マイレージを貯めたり、それを使ってファーストクラスを利用したりする層である。しかし、これまでも述べてきたように、より機動性が求められる時間価値の高いビジネスエリートに対しては、会社としてもより積極的にビジネスジェットの利用を促してもよいのではないかと考える。

ジェット・ソリューションの胡社長によると、同社の顧客の6割は中国、香港、台湾の人が占めるという。鉱物採掘や不動産、カジノ産業など出張が多い企業の利用が目立つとのことである。

プライベートジェットを利用すれば、定期航空便が少ないアジアやアフリカの都市にもアクセスでき、観光と組み合わせたサービスも提供しているのが魅力だと顧客は話している。

アジアのプライベートジェット1200機のうち、1000機が中国、香港、台湾に集中している。

胡氏は「中国のプライベートジェットは実用目的のアメリカと異なり、富裕層の地位の象徴になっている」と語る。中国の富豪トップ5人のうち3人が同社の顧客だという。

そんな中で、先に中国のところで触れたように、自家用機からチャーター機へのシフトが進みつつある。自家用機は維持や更新、パイロットの確保などで年2億7000万円程度のコストがかかる。必要なときだけ使うチャーター機のニーズが急速に高まっているとのことである。

しかし、それと同時に、自家用機として保有する層も、今後は増加していくのではないかと思われる。政府の贅沢抑制政策も、あまり過度になれば、若者たちがベンチャー精神を発揮して起業し、中国経済を今日の状況にまで押し上げてきた勢いを削ぐことになってしまう。中国経済を牽引しているのは、いずれもベンチャー企業としてのし上がってきたＢＡＴＨ（バイドゥ、アリババ、テンセント、ファーウェイ）と呼ばれる企業を中心としたＩＴ企業群である。こうした勢いを根本的に削ぐような政策を今後も継続して行うものとは到底思われない。いずれは、贅沢禁止の方針も見直され、富裕者が慣習的に地位の象徴としてプライベートジェットの保有を考えるような状況に戻っていくだろう。

(5) マカオ

香港同様、マカオも、長らくポルトガルによって統治されてきたが、1999年に中国に返還された。マカオでは従来からカジノが運営されてきていたが、中国返還がきっかけとなって、カジノ運営者のあり方もクリーン化が進み、ギャンブル好きの中国人を中心に、マカオのカジノは多くの観光客を取り込んできた。

その結果、ピーク時には、人口の40倍にも及ぶ観光客を迎え入れることになり、受け入れ容量の限界を迎えることになった。そこでマカオ政府は、観光政策の見直しを図り、従来の、より多くの観光客を誘致しようという「数」を追う観光政策を改め、より多くの消費を行い、より大きな経済効果をもたらす「質」のよい観光客を積極的に誘致することに重点をシフトさせることにした。

カジノを目的としてマカオを訪れる人々は、この「質のよい」観光客として位置付けることができるだろう。そして、特にカジノの優良な常顧客に対しては、カジノのオペレーターが自らの負担で彼らがプライベートジェットを利用できるように手配し、カジノの利用を促している。つまり、先端的なカジノがある場所では、プライベートジェット、ビジネスジェットが利用できることが重要な経営環境の1つとなっている(16)。

2018年10月には、マカオから香港を経由し、中国本土を結ぶ海上橋が開通した。これによって、中国、香港からマカオへのアクセス環境は格段に高まった（ただし、通行料が高いので、現状での利用は低調である）。しかし、海外からのマカオ訪問ということになれば、プライベートジェット、ビジネスジェットの優位性が変わることはない。

ちなみに香港からマカオにわたるには、24時間運航しているフェリーを利用するのが一般的である。料金は安く、本数も多く、さらに24時間運航なので、気軽にマカオにわたることができる。しかし、問題となるのは週末などのラッシュ時であり、入域手続きを待つ人々が長蛇の列をなす。そこで相当な時間をロスすることになってしまう。もし香港からマカオへの半日ツアーに週末に参加すれば、入域できたと思ったらすぐに引き返さなければならなくなってしまうという悲惨なことになりかねない。こうした状況を知っており、お金に余裕のある人は、フェリーではなくヘリコプターなどを使って空からマカオ入りしている。この段階から、観光客の差別化につながる動きがみられる。

今後、この橋の利用が一般化していけば、マカオのあり方もかなり変わってくるだろう。そして、マカオ空港も、こうした周辺環境の変化を受け、他のアクセス手段との競合の中で生き残るために、より積極的な経営を行うことが迫られる。その戦略の中には、当然、ビジネスジェットのより積極的な取り込みも含まれることになるだろう。

(6) シンガポール

香港とならんで、シンガポールもアジアにおける経済センターとして君臨してきている。それは何よりも、シンガポールは領土の小さい都市国家であり、自然資源はほとんど持たず、自国だけでは経済的に自立していくことはできないことから、積極的に海外との関係を構築し、市場に打って出ざるを得なかったという背景があった。そして、そうした政策をより有効なものとするためには、できるだけ海外とのやり取りを行いやすくし、海外からの投資を呼び込むために、自由度の高い政策を施行していくことが求められた。よって世界でも規制緩和、自由化がいち早く進んできた（この点は、ヨーロッパにおけるオランダの置かれた環境、そして実際に導入した自由化政策と同様である）。

そして、こうした積極的な経済政策を支えるインフラ整備も進められてきた。海外との人・物のやりとりは非常に重要となるので、航空、空港の競争力を上げることが国家としても大きな課題となる。そして、実際にシンガポールのナショナルフラッグ・キャリア（国を代表する航空会社）であるシンガポール航空は、常にそのサービス水準の高さが世界的に評価されている。

そして、国としても非公式的に自国のナショナルフラッグ・キャリアを優先的に取り扱うことで競争優位性をもつことを支援しているとの話もある。一見すると不公正な政府援助のようにも思われるかもしれないが、「戦略的貿易理論」の観点からすれば、それも国の戦略としては正しいということになる。「戦略的貿易理論」とは、1990年代前半にアメリカで提唱された貿易戦略論である。自由貿易の前提は各国が同質の基本構造を持っているという考えがあり、現状では貿易慣行の不公正さが存在していたとしても、経済成長を遂げていけば、いずれはどの国も同じように「公正」な自由貿易を行うようになるとの期待から、自由貿易主義を推進しようとしてきた。しかし、そうした期待はいつまでたっても満たされず、むしろ不公正さは増すばかりである。そこで、各国が同質な基本構造を持つという前提自体が誤っており、自由貿易を求める上で政府の関与を控える国は損失を被るということが、その主導国であるアメリカで主張されるようになった。そこで、クリントン政権下で貿易の方針転換がなされ、政府が積極的に貿易政策に関与することで自国の利益が失われないようにしようとした。シンガポールの自国のナショナルフラッグ・キャリアに対する優先的な取り扱いも、こうした観点からは是認されるだろう(17)。

また、航空輸送のインフラとなるチャンギ国際空港も、高品質の施設ならびにサービスを提供する空港として、シンガポール航空と同様、世界の空港の中でも常に高い評価を得ている。

チャンギ国際空港では、旅客が飛行機を降りてから空港の外に出るまでの時間が20分以内に抑えられることを目標としている。この間、入国管理や税関を通らなければならないことを考えれば、極めて短時間ですべてのチェックを終えることができるということであり、驚異的な目標である（ただし、日本であっても、たとえば羽田空港の第3ターミナルなどでは、日本人であり、かつ荷物を預けていなければ、飛行機を降りてから極めて短時間で制限エリア外に出ることができる。要は入国審査のあり様、言い換えれば入国手続きをどこまで簡便化できるかにかかってくる）。

チェックインについても、少しでも時間がかからないよう、空港が配置したコーディネーターが並んだ列の長さの状況を見ながら、より空いているブースへと旅客の誘導を行っている。

さらに、乗り継ぎの旅客などが、その待ち時間をできるだけ空港の中で楽しく過ごすことができるように、無料の映画館を開いていたり、蝶々が飛び交うバタフライガーデンを開園したりしている。こうした空港のアミューズメント・パーク化は、1980年代に英国で空港経営の民営化が実施されて以来、空港先進各国で進められてきているが、シンガポールはその中でも常にトップランナーとなってきた。待ち時間がある程度長い場合、シンガポール市内を見学できるツアーまで設けている。

そして、2019年4月には空港に隣接して建設された大型複合施設JEWELが開業した。何でもありの素晴らしいエンターテインメント空間であり、これ自体が完全な観光地となっている。

こうした果てしなき魅力向上への取り組みによって、シンガポール空港の国際競争力はますます高まっている。

そして、それと同時に、シンガポール空港ではビジネスジェットを支えるインフラの整備も進められてきた。

2016年から建設が進んでいたセレター空港の新しいターミナルが2018年末に開業した。

セレター空港はシンガポールで最初の、民間機が発着する空港であり、以前は定期便が就航していたが、2010年10月末にそれらの定期便路線はチャンギ国際空港に移転した。それ以降、セレター空港は軍民共用飛行場となった。現在では同空港に民間定期便は就航しておらず、チャーター便、メンテナンスなどのために利用されている。1836m×46mの滑走路を持っている。

同空港を運営するのはチャンギエアポートグループで、新しいターミナルは年間70万人の旅客に対応できる。これとともに、それまでチャンギ空港を使用していたファイアフライ（マレーシア航空グループの完全所有子会社）のシンガポール便はすべてセレター空港に移転した。

チャンギ空港では、2014年からターボプロップ機など、小型機による新たな路線の開設や増便を認めてこなかった。しかし、セレター空港の新ターミナルがオープンしたことで、ターボプロップ機など小型機でもセレター空港に発着すればシンガポール路線に就航できるようになった。ファイアフライを中心に、マレーシアやインドネシアへの新たな路線が開設されるのではないかと期待されている[18]。

そして、こうした拡張により、ファイアフライだけでなく、ビジネスジェットに関してもセレター空港を利用しやすい状況になったといえよう。シンガポールは都市国家であるため、都心部の面積もそれほど広くない。したがって、セレター空港がビジネスジェットの基軸空港となっても都心へのアクセス面で問題となることはないだろう。このような懐の深さこそ、シンガポールが小国ながら、世界の金融センターとして機能し、あるいは大いなる影響力を世界経済に与えうる存在となっている大きな要因なのである。

（7）中東

その他、ビジネスジェットがよく利用されている地域としては中東が挙げられる。石油産出国として多大な富を獲得し、諸所の利権を独占的に有する王族の間で、世界でも突出した富裕層を生み出してきた。また、彼らは、石油によってもたらされた富を自分たちで独占するだけでなく、それを原資として医療費などの国民負担を軽減することで社会の安定化を図っている。その一方で、労働力としてアジアなどから大量の労働者を受け入れている。海外からの出稼ぎ労働者が従事する労働は、建設などのいわゆる3K労働が主であり、自国民との間で社会的格差が問題とされることもあるが、発展途上の国々に多くの働く機会を提供しているという事実は評価されてしかるべきであるともいえるだろう。

巨額の富を有する王族は、海外に移動するに際して、その一族を帯同して旅行することが多い。そうしたことから、彼らは、大型機を主とするビジネスジェットを所有し、利用してきている。2017年3月、サルマン国王が、サウジアラビア国王として46年ぶりに日本を訪問した際には、大型機であるビジネスジェット（政府専用機としても機能しているが）で日本に飛来し、都内の高級ホテルを1000室以上も借り切ったという話とともに、入国時にその大型機から金色に光るタラップ、しかもエスカレーターになっているタラップから降りてきた映像を見て、その豪勢さに仰天した人も多かったのではないだろうかと思われる。

もちろん、ビジネスジェットだけではなく、中東諸国の航空会社も世界市場で極めて高い競争力を発揮している。エミレーツ航空、エティハド航空、カタール航空は当地域の三大航空会社であると同時に世界のトップ・エアラインでもあり、しかも他の地域のトップレベルの航空会社とは違った、独特の存在感がある。つまり、アライアンスへの依存度が低く、単独でも十分な競争力が発揮できるようなものになっていることである。

これに対してヨーロッパの航空会社は、中東の航空会社が国家からの不当な支援を受けることで競争がゆがめられているとしてヨーロッパの裁判所に提訴するに至った。

国家からの直接的な支援とは言えないが、航空会社にとって燃料である原油はコストの大きな部分を占めるため、これを安く入手できるというメリットは大きいだろう。しかも、燃料価格の動向は中東をめぐる政治状況の動向によって大きな影響を受ける。近年でこそ、アメリカにおけるシェールガスの活用によって、エネルギー供給における中東への依存度は幾分軽減され、アメリカの中東諸国に対する政治的姿勢を強行なものとする大きな一因となってはいるものの、世界全体としてみるならば、エネルギー供給における中東のプレゼンスはそれほど低下しているとは言えないだろう。そして、中東の航空会社にとっては、国際政治・経済状況の変化にそれほど影響を受けることなく、つまりある程度自立的に航空燃料の供給を受けることができることのメリットは大きいと考えて差し支えないものと考える。

また、中東の空港の国際的プレゼンスの大きさという面もある。中東は地政学的にも、国際政治経済的に重要な位置にある。石油の産出国というだけでなく、航空輸送においてヨーロッパとアジアの中継地として有利な場所に当たるからである。それに、その経済力を反映して、中東の空港の規模は巨大であり、その快適性も国家からの巨額の投資によって追求されている。航空会社にとって、そのベースとなる空港の国際的競争力は、自らの競争力の大きな源泉ともなっている。空港がどのくらいの国際競争力を持ちうるかは、まさにそれが存する国の力次第だとも言うことができる。自国のハブ空港を、国際競争力の高い空港にしようとすれば、理想的には巨額の投資を行うことによって、どれだけ、より多く長大な滑走路と快適かつ機能的な空港ターミナルビルを持つことができるかで決まってくる。中東諸国の政府は、そうした理想的な条件を満たすための資金も、地理的環境も、そして政治体制も保有しているのである。

このように、ヨーロッパの航空会社からの批判に対し、中東地域における航空会社は、石油産出国の航空会社としてのメリットはあるかもしれないが、中東諸国側では、当然ながら、そうした援助を行ったことはないと否定している。具体的にそれらの国が自国の航空会社の経営にどのように関与したかを立証することは、政治的駆け引きもあり、実際には極めて難しいことではないかと思われる。それはともかくも、中東の航空会社のサービスは実際に素晴らしいものだという定評があることも無視できない。国際的プレゼンスが大きい企業であっても、そのサービス水準に問題があると指摘されている航空会社は少なくない。そうした中で、中東の航空会社が示す魅力に対しては、各国の航空会社はその分析と、その結果よって、それに学んでいかなければならない[19]。

このように、中東の航空会社は国際航空市場の中で高い競争力を持っており、そのサービス水準も高いと定評がある。ただ、中東の真の富裕層にとっては、いかに自国の航空会社のサービスが優れたものであろうと、それにも限界はあり、やはりより自由度が高く、地上にいるのと同じような贅沢な空間を享受できるビジネスジェットによって移動することを選ぶはずだ。

先述のように、近年に入って、アメリカにおいて天然ガスであるシェールガスの採掘が進み、石油への依存度が減少するとともに、アメリカは中東産油国に対して強硬な姿勢をとるようになってきた。特に自国第一主義を掲げるトランプ政権のもとでは、こうした強硬姿勢が明白な形で表されるようになっており、中東地域における政治的、軍事的不安定をもたらしている。こうした状況から、もし２００３年におきたイラク戦争のような事変が起これば、依然として石油に大きく依存している世界経済は大きな影響を受け、それは国際的な移動需要にも大きなマイナスの影響をもたらすことになるだろう。富裕層がそれほど容易に従来から置かれている恵まれた環境から凋落することはないものと思われるがゆえに、ビジネスジェットについては、一般の定期航空便に比べれば、こうした経済的変動によるマイナスの影響は少ないだろうが、ある程度の影響を受けることには変わりがないのではないかと思われる。

ちなみに、２０１９年12月には、気候変動枠組条約第25回締約国会議（ＣＯＰ25）がスペインのマドリードで行われた。その際、環境活動家のグレタ・トゥンベリさんが、多量のＣＯ２を排出する航空機によってスペインに移動することを拒否し、船で移動することを強く要望したということで1つの大きな話題となった。結果的にはグレタさんに対して船による移動手段が提供されたが、このことも1つのきっかけとなって、「フライト・シェイム」ということが大きく取り上げられるようになった。

このように、地球環境問題に対する関心も高まる中、中東諸国も、エネルギー需要の変化の流れにどのように対応していくかが問われている。中東諸国は従来、世界を文字通り動かす原動力となる石油をほぼ独占的に世界中に供給することで誰もが羨むような莫大な利益を収めてきた。変化するエネルギー需要への対応が遅れれば、中東諸国の経済的に恵まれた状況も一変して、急速にその世界経済におけるプレゼンスを喪失する可能性もある。そして、さらにはそれに伴う社会不安が勃発でもすれば、王族などの富裕層は、場合によってはその地位を追われ、社会主義的な国家が登場することになるかもしれない。そうなれば、富裕層に対して華美を改めるような政策を展開することも行われるであろうし、基本的に富裕層を対象とするビジネスジェットの需要動向にもマイナスの影響が及んでくるだろう。もちろん、それは可能性としてはあまり高くないシナリオではあるが、宗教的原理主義の延長線上に、同様の事態が生じる可能性もある。実際にはこちらの方の可能性が高いかもしれない。実際に中国の習近平政権が富裕層の浪費を抑制する方針を打ち出したことにも、その可能性を見て取ることができよう。

2　ビジネスジェットに関する国際団体

ビジネスジェットの普及促進をはかるため、世界にはいくつかの団体が組織されている。

その中で、ビジネスジェットに関する国際団体としては、主に以下の2つの団体が活発な活動を展開している。

（1）ＮＢＡＡ（National Business Aviation Association）

ＮＢＡＡは１９４７年に設立され、ワシントンＤＣに拠点を置いている。全米および世界各地にある、あらゆる規模の１１０００社以上の会員企業を代表している。

ＮＢＡＡが主催するＢＡＣＥ：Business Aviation Convention $ Exhibition（ＮＢＡＡ－ＢＡＣＥ）は、毎年10月にアメリカで開催される。多くのビジネスジェット業界の関係者、ならびに航空機への投資家が世界中から集まる。この種のもので最大のイベントである。２０１９年度の場合、３日間の開催期間中に、約2万３０００名の航空ビジネスのプロフェッショナルと、１０００の展示・出品者、そして約１００機の航空機が会場に駐機し、機内を実際に見ることができるようにしている。

筆者もＢＡＣＥにこれまで1度だけ参加したことがあるが、その規模は極めて壮大なものであった。場所はフロリダ方面であったが、陽光がまぶしく澄んだ空の下、多くのビジネスジェットが勢ぞろいしている光景は圧巻であった。これだけの規模の商談会を組織し、運営するのは極めて難しいことだと思われるが、それを毎年こなしているところにＮＢＡＡの力量を感じることができる。

また、ＮＢＡＡはアジアビジネス航空会議&展示会（ＡＢＡＣＥ）も主催している。ＡＢＡＣＥは毎年4月に、アジアで行われているが、近年は、主たるマーケットとなっている中国で開催されることが定例となってきている。

筆者は２０１９年4月中旬に中国・上海で行われたＡＢＡＣＥ（ビジネスジェット、自家用機などのアジアにおける展示・商談会）に参加した。近年、アジア、特に中国における富裕層の増大は、ビジネスジェットの需要の伸びにも反映されている。ビジネスジェットの展示・商談会は、欧米でも行われているが、アジアでは、この中国マーケットの大きさを反映して、現在は上海がベースとなっている。

上海虹橋空港に隣接し、FBOがあるエリアに、各航空機メーカーが自社の航空機を駐機し、実際にその中に入って見学することができるようになっている。ただし、人気のあるメーカーには事前に見学を申請し、予約がとれないと、実際に展示されている機材の内部に入って見学することはできない。また、航空機だけでなく、航空機に係る周辺の取扱い機器や関連するサービスを提供する会社もブースを設けて商談を行っている。日本からは、ビジネスジェットなどを積極的に誘致しようとしている空港や航空機の管理事業者などがブースを設けており、担当官庁である国土交通省からも担当者が派遣されていた。

3日間の開催期間の最初の2日間は、ビジネスジェットに係る業者のためのものだったが、最終日は一般の人々にも開放された。その中で注目されたのは、現地の学生を招待し、ビジネスジェットの利用価値などについて啓発的な講座を開催していたことである。

日本では、ビジネスジェットといっても、所詮はお金持ちのためのものにすぎないといった否定的なイメージがもたれがちである。しかし、国際化と情報化が進み、ビジネスにおける時間価値がこの上なく高まってきている中、機動性が高く、移動時においても様々な付加的価値を提供することのできるビジネスジェットは改めて評価されなければならない。その認識の差こそがビジネス展開の差になって現れてくる。何度も繰り返すが、事実として、アフリカの資源市場において、中国・韓国が早くにその優位性を構築できた一因はビジネスジェットを活用したことにある。

そこで、ビジネスジェットに対する正しい認識を、学生の段階で身に付けさせていこうとするこうした試みは、最終的には社会全体のビジネスジェットに対する認識を変えることにつながっていくことが期待され、啓発活動の手段としてとても有効なものである。日本も是非こうした取り組みを、学校などの場を借りるなどし、早急に見習って実践していかなければならないと考える。

（2）EBAA（European Business Aviation Association）

ＥＢＡＡは１９７７年に設立され、ヨーロッパのあらゆるレベルで９００以上のビジネス航空会社（直接会員または準組織の会員）を代表している。

図３－２　2019年開催の ABACE

筆者撮影。

ＥＢＡＡが主催するＥＢＡＣＥは毎年5月頃に行われる。２０１９年は5月21日から23日まで、スイスのジュネーブで開催された。

「ヨーロッパビジネス航空協会（ＥＢＡＡ）は、１９７７年に設立され、ヨーロッパの９００以上のビジネス航空会社の利益の追求を支援しています。

さらに、ＥＢＡＡは、ヨーロッパ当局によって認められている唯一のビジネス航空の代表であり、最高の安全性と運用効率を実現できるように、メンバー間で卓越性とプロ意識を促進することを目的としています。ＥＢＡＡの専門家は、ヨーロッパにおける規制を監視し、それに影響を及ぼし、特定の懸念事項に対するこのセクターの立場を積極的に代表しています。」（Ｅ

BAAホームページより要約）

注

（1）この点は後述の中国の場合でも同様であり、中国でも近年、内陸部を中心に多くの空港が建設されていった。

（2）そもそも経済学が客観的科学であるかどうかについて疑問視する向きもあり、後からノーベル賞に加えられた経緯もあり、経済学に対してノーベル賞を与えること自体に反対を唱える人々もいる。そして実際、ノーベル財団は、「ノーベル経済学賞」はノーベル賞ではないとしている。

（3）もちろん、サウスウェストの成功にはこのほかにも様々な要因がある。たとえばサウスウェスト航空は、一般的に顧客満足（ＣＳ）の重要性が喧伝されている中で、いち早く従業員満足（ＥＳ）の方針を採用した。従業員の職場環境をよりよくし、楽しく働けるよう、つまり働き甲斐をもたせることで生産性を向上させたのである。今でこそ、ＥＳの重要性は広く認識され、多くの企業によって実践されるようになったが、その先駆者となったことの意味は重い。その結果、２００１年のニューヨークにおける同時多発テロや、２００２年のワールドコムやエンロンの倒産による市場の混乱、２００３年のイラク戦争や２００８年のリーマンショックなど、様々な大きな市場危機があったにも関わらず、そうした状況を見事に乗り越え、今日に至るまで増収増益を続けている。この点についてはケビン・フライバーグ『破天荒!!——サウスウェスト航空　驚愕の経営』（日経ＢＰ、１９９７年）に詳しい。

（4）ただし、このことを社会的監視の強化ととらえ、抵抗感を持つ人々も存在することも認めなければならない。ジョージ・オーウェルが、その著書である『１９８４』で予想したような管理社会の到来である。このことは、すでに日本でもあらゆるところに監視カメラが導入されており、このことが犯罪に対する犯人の早期発見と事件の解決に結びついているというプラスの側面がある一方で、我々の日常生活が常に監視されているという圧迫感にもつながっている。

（5）ただし、アメリカン航空などはあまりにも航空券の価格が高騰しないように上限価格を設けるという措置をとっていた。

（6）アメリカにとって自国の領土内が外敵の直接的な脅威にさらされたのは2001年9月の同時多発テロが初めてのことであった。これまで、何か国際的な問題が起こった時には、ドルの価値が上がるという現象があった。最後に頼れるのは国際通貨であるドルだという考えが背景にあった。こうした現象は「有事のドル」と呼ばれているが、2001年の同時多発テロによって、この原則は崩れることになる。

（7）たとえば乗り入れている鉄道の本数、接続ダイヤの問題など。特に前者は鶏と卵の関係もあるが、地方空港では、鉄道の接続性の悪さからバスを利用することを選択せざるを得ないケースも見かけられる。

（8）この間の経緯については、拙著『航空の規制緩和』（勁草書房、1995年）を参照のこと。

（9）TAG Aviation Holdingは、サウジアラビア人の実業家、マンスール・オジェ氏が率いている。ビジネスジェットの運航、マネジメント、メンテナンス、チャーター、機体販売、そして空港運営を行っている。そして、さらにその傘下に、TAG Aviation Europe, Farnborough, Bahrain, Asiaがある。

TAGといえば、もともとは時計で有名なTAG heuerが主力であったが、それがルイ・ヴィトングループに売却され、その資金をもとに、TAGは当時軍事用として使われていたイギリスのファンボロー空港を買い取った。そして現在、ファンボロー空港は世界一のビジネスジェット専用空港として運用されている。

なお、マンスール氏は、ファンボロー空港のような空港事業以外にも、ワイナリー事業、エネルギー事業、農園事業などの事業に多角的に参画している。

（10）この反面、貧富の格差が拡大していることも確かであり、大きな社会問題となっている。その格差の大きさは日本の比ではない。2020年1月13日、1日30円の食費で極貧生活を送っていた女子大生が、その境遇に同情した人々から1600万円の寄付が寄せられていたのにも関わらず餓死したということが報じられ、大きな社会的反響があった。その寄付金は当人のためには利用されてらず、不正流用されていた疑いがもたれている。両親をなくし、病気の弟の治療費を捻出するために極貧生活を送っていたという。こうしたことが現実に起こり得るというところに現在の中国の社会的病癖の深さを見ざるを得ない。

(11) ただし、中国の急激な経済発展は、アメリカとの間で貿易摩擦を起こしていることにも注意しなければならない。ちょうど日本が戦後の高度経済成長期にアメリカとの間で生じたものと同様の状況である。しかし、過去に日米貿易摩擦の場合には、日本側が衝突を回避しようとして事態の深刻化を極力防ごうとしたのに対し、米中の場合には、お互いに大国としてのメンツがあり、引くに引けない状況にあるという違いはある。2018年12月にファーウェイの副会長がカナダで逮捕された件もこうした状況を反映したものととらえられている。この問題がどのように解決されるかによって、場合によってはアメリカ、中国双方の経済にも影響が及び、中国の富裕層にとってもマイナスになることは間違いないだろう。

(12) ただし、成功者はその成功の度合いを顕示することで、たとえば子息が誘拐の危険にさらされるというリスクも抱えることになる。そのため、経済的成功者は、一方では日常生活においてなるべく目立たないような服装をし、目立たない様な行動をとるということも指摘されている。

(13) よく「ゆとり教育」の功罪が論じられるが、子供に競争をさせない、競争意識をもたせないようにすることは、それに見合うような社会の構築が同時になされていかないと、様々な場面で「弊害」を生じかねない。現在においても、GDPの対前期成長率などが社会の健全性の判断において重要な指標として位置づけられていることに鑑みれば、そうしたこととの整合性がとれているとは到底考えられない。

(14) 2015年10月4日「空港ドットインフォ」より。

(15) 2019年7月9日付日本経済新聞。

(16) ただ、昨今は、習近平主席の贅沢抑制政策によって、マカオへの中国人カジノ客が激減しており、マカオは窮地に追い込まれているという。だからといって、カジノをしなくなったというのではなく、これまでマカオに通っていた人々はカンボジアを中心に、周辺諸国のカジノに流れている。しかし、こうした状況を長期化させて、「自国」の経済を浮揚させる1つの大きな可能性をもつマカオのカジノを壊滅させるようなことは、中国政府も最終的に回避するのではないかと考える。すでにカジノ関連の外資の投資も進んでおり、このままマカオの地盤沈下が続くとは到底考えられない。

(17) ただし、この「戦略的貿易理論」にも理論的問題点はいくつか存在する。詳しくは拙著『実践経済学』(芦書房)などを参照のこと。

(18)「アジアトラベルノート」2018年7月5日の記事を参考とした。

(19) 補助金の通報制度については各国間で足並みがそろっていない。

「WTO協定の附属書1Aに規律する「補助金及び相殺措置に関する協定」(補助金協定)は、各国政府が自国企業等に対して交付する補助金について通報義務を課しているが措置是正等の強制力を有するものではなく、加盟国の通報義務への履行状況に差異が見られる。

このような状況に対し、加盟国間では、国内産業・企業に対して支給されている補助金がどこまで市場を歪めているかを十分に検証できていないとして不満が高まっている。特にアメリカは、中国の補助金制度の不透明性、通知義務の不十分さを批判している。」(寺林祐介・上谷田卓「日本の経済外交　用語解説」、参議院常任委員会調査室・特別調査室『立法と調査』418、2019年12月、39頁より要約)。

第4章　日本のビジネスジェットをめぐる現状と課題

1　日本におけるビジネスジェットの評価

近年に至るまで、日本ではビジネスジェットは一部の関係者だけに知られる、極めてニッチな存在であった。航空輸送といえば、JAL、ANAをはじめとした定期航空輸送を行う航空会社が行う運航のことであり、それ以外のものはほとんど趣味的なものといった位置付けがなされてきた。特にビジネスジェットはお金持ちのための特異なものであり、広く平等主義的考え方が蔓延している日本では、ビジネスジェットはお金持ちのための贅沢品であるから、その普及を公的に推進する意義はないものと一般的に考えられていたと言っていいだろう。

しかし、2010年代に入ったあたりから、本書の他のところでも言及しているように、日本の経済を取り巻く国際・国内環境の変化によって、日本でも、従来の経済成長戦略が大きく見直されることになっていく。そして、そうして打ち出された新しい国の成長戦略の中で、多々ある目標の1つとしてビジネスジェットの推進が明記されることになった。これをきっかけとして、徐々にではあるが、日本でもビジネスジェットの利用が促進されてきた。その結果、日本におけるビジネスジェットの運送量はこの5年間で年間平均10・2%で成長を遂げてきた。同時に、2018年、国際市場において、ビジネスジェット機の動きは10・2%の成長を遂げた。そして東京の都市圏では、15・5%の上昇であった（いずれも2017年対比）。

2020年には東京オリンピック・パラリンピックが開催され、海外から多くのVIPがビジネスジェットを利用して日本にやって来ることが予想された。ビジネスジェットの飛来数は、2019年度時点での政府の想定は1000機程度だとされているが、先に開催されたロンドンオリンピック・パラリンピックの場合には、その倍以上のビジネスジェットが飛来したとされている。したがって、ビジネスジェットの受け入れ体制は、今後早急により充実・強化を図っていかなければならない状況である（ただし、2020年初頭に中国武漢市を起点として世界中に猛威を振るっている新型コロナウイルスによる感染症は、オリンピックの開催を延期させるまでに至った。このことは、それまで開催準備に当たってきた方々や、オリンピック効果に期待して様々な投資を行ってきた人々には計り知れない損失をもたらすことになった。それでも肯定的な面を見出そうとするならば、このビジネスジェットの対応の面があるだろう。開催までの期間が延長されたことで、より進んだ受け入れ体制を整えることが可能となるからだ。文字通り「災い転じて福となる」よう、新たに与えられた時間を有効に活かしていかなければならない）。

2　ゴーン氏の国外脱出がもたらしたもの

一方、2019年末、日産自動車の元CEOであり、在任中の会社に対する背任行為で逮捕・勾留され、その後保釈金を支払って保釈されていたカルロス・ゴーン氏が、海外に「逃亡」したとして大きな話題となった。この脱出の方法がスパイ小説仕立てであるかのようなものであったことも、この件が世界的注目を集めることに一役買っている。出国先であるレバノンで行われた記者発表では、ゴーン氏はその手法について明らかにしていないが、報道によると、次のような手法を用いたのではないかとされている。

ゴーン氏は、協力者（アメリカ人で、こうした特殊な依頼を受けるエキスパートとされている）とともに大阪に新幹線で向かい、関西国際空港からビジネスジェットを利用して国外への脱出を図ったというのだ。ゴーン氏が保釈され、滞在している場所は東京なので、東京から出国するとばれやすい。そのため、わざわざ関西に移動したものだと考えることができる。

ビジネスジェットを用いたのはいくつかの理由が考えられる。まずは出国する際の係員による各種検査をどのように逃れるかである。まともに検査を受けたのでは出国は間違いなく認められない。日本で起訴され、保釈中の身分であるゴーン氏は、国外に出ることを禁止されており、パスポートも弁護士に預けることになっているからだ。そこで、大きな箱の中に身を隠し、貨物として出国検査をすり抜けることにしたのだ。

民間機であれば、大型の荷物は機内に持ち込むことができず、貨物として預かることになる。そしてその荷物は、航空機において客室の下のスペースにある貨物室に搭載される。その場合、貨物室は5度からせいぜい十数度の状態で保たれている。今回の場合、日本から中東までの長距離飛行になるため、飛行時間が長い。そのような時間、いくら厚い服を着込んでいたとしても、とても耐え難いものであろう。実際、これまで不法な入出国をはかろうとして飛行機の貨物室に忍び込んだものの、着衣の状態によって、飛行中に凍死してしまうということが起こっている。

これに対してゴーン氏が今回利用したような8人から十数人が利用するサイズのビジネスジェットであれば、貨物を保管する場所は客室とつながっている。搭乗者はいつでも自分の荷物を取り出して利用することができるという利便性も持たせているからだ。そのため、前述のような心配はない。

また、荷物の検査にしても、一般の航空利用客に対するのと比べればかなり緩いのが実態であるという。というのは、そもそもビジネスジェットを利用するのは、その所有者か、あるいはそれをチャーターする余裕のある富裕層である。いずれにしても、自分だけ、あるいはその身内、極めて近い関係者のみが搭乗する飛行機に、危険なものを持ち込むということはあまり考えられない。ここが不特定多数の乗客が混在することになる一般の航空輸送の場合との大きな違いである。そのため、検査もどうしても厳しいものとはなりがたい傾向がある。(1)

今回のケースを受けて、国土交通省はビジネスジェットの検査を義務付けるように命じた。多くの人にとっては、こうした義務付けは当然のことと受け止められたようだ。むしろ、これまで義務付けられてこなかったことに驚きを感じたといっている。しかし、こうした検査強化の方針が妥当なものであるかどうかという判断は難しいところである。なぜなら、本来、ほとんどが富裕層、あるいは社会的エリートである利用者の信頼度を前提に、法的規制の枠を超えて、気軽に利用できるのがビジネスジェットの魅力であるからだ。それなのに、荷物検査の義務化など、規制を強化してしまえば、利用者にとっては使い勝手の悪いものとなり、せっかく日本でもビジネスジェットの利用を増やすために、ビジネスジェットに関わる様々な規制緩和が行われてきたにも関わらず、それに逆向することになり、これまでの取り組みに水を差すことにもなりかねない。

また一方、これに対して、実際にビジネスジェット・プライベートジェットに乗務している客室乗務員の方や、ビジネスジェットのオペレーターの話を伺うと、きちんとしたFBOがあれば今回のような検査漏れはなかったはずだという。特に、乗務員の立場からすると、麻薬や銃器が持ち込まれるということは、同乗することになる自分たちの身の安全にもかかわることなので、やはりきちんとしたセキュリティー・チェックは行ってもらわなければならないということになる（ただ、実際には現行でもセキュリティー・チェックは行われており、問題なのは、その精度、つまりどれだけ厳密にチェックが実施されているかの問題であると、日本でビジネスジェットの運航を管理している会社の方からは伺っている）。この観点から、ビジネスジェットの日本における本格的普及を図るためには、やはり本格的なFBOの設立と、その運営レベルの向上を図っていくことが必要だということになる。

これとは別の問題として、ビジネスジェット専用ラウンジがどこまで頻繁に利用されているかという問題もある。言い換えれば、そもそもビジネスジェット専用ラウンジそのものがどこまで必要であるか、ということである。

ビジネスジェットの利便性を究極的に高めようとするのであれば、本来であれば、ビジネスジェット利用者を乗せるマイカーやタクシー・リムジンなどの民間車両が空港内にまで乗り入れ、到着時、あるいは出発時に、スポットに駐機しているビジネスジェットの機側に至り、ビジネスジェットの機内でCIQを終えた乗客を乗せて、そのまま空港を出て目的地に向かったり、あるいは出国したりするようにするのがベストである。しかし、セキュリティーの問題があるとして、日本ではまだ民間車両の空港内への乗り入れは禁止されたままである。

また、こうした体制を実現するためにはCIQの職員の数がこのような特別な取り扱いに対応できるほど多く存在するのかどうかが問題となる。そして、その職員には検査を手早く正確に行うという熟練度が求められる。

3　ビジネスジェットに求められる人材

そして、これはFBOの側の話になるが、熟練度という観点から見ると、ビジネスジェットを利用する人々の場合、一般の定期便を利用する人々とは違った、様々な特別なサービスを求めることが考えられる。たとえば、日本に飛来したビジネスジェットに積んできたワインを駐機中に適切な状態で保管し、帰りのフライトでも最高の状態で飲めるようにする、といったことが挙げられる。航空機に対する電源供給を、駐機中ずっとそれだけの目的のために受けることは極めて非効率であるので、その場合にはきちんとした管理ができる施設にワインを持ち込んで保管することもしなければならない。このように、FBOは、ビジネスジェットに対して単にケータリングを行えばいいということでは済まないのだ。

こうした対応は機転を利かせることが必要である。他の職種にたとえるならば、ちょうど高級ホテルのコンシェルジェに該当するだろう。コンシェルジェはお客様のあらゆるリクエストに適切に、しかも迅速に対応しなければならない。幅広い知識と機転が求められる職位である。

昨今、すぐれたホスピタリティのあり方が問われ、ホスピタリティを担う人材育成において、「コンシェルジェ型人材」ということが盛んに言われるようになっている。ビジネスジェットに関わる業務、たとえばFBOのような部門こそ、こうした人材が求められているのだ。

日本は、インバウンド誘致、あるいは東京オリンピックの開催地としての誘致において「世界一のおもてなし」をアピールしてきた。しかし、東京オリンピックの誘致の際のプレゼンテーションに対する評価に見るように、日本のおもてなしは日本国内で通用してきたものにすぎない面もある。(2)

インバウンド旅客が増加する中、あるサービス、ホスピタリティが国際的に通用するものであるかどうかは、どこまで文化的、宗教的な相違点を理解し、国際化という環境の変化にどこまで積極的に対応していくことができるかにかかっている。このように考えてみれば、高級ホテルと同様、ビジネスジェットを利用する人々にサービスを提供するFBOでの人材の育成、そしてその業務経験は、日本のこれからのホスピタリティの水準を国際標準において高めていくための人材教育として恰好の場であると考えることができる。そして、ビジネスジェットを利用する旅客に対する接遇を通じて育成され、経験を積んだ人材が他の分野にも進出していくことで日本全体のホスピタリティの向上につなげることができる。そのためにも、日本はもっと積極的にビジネスジェットの国際的誘致のために努力しなければならないのだ。

4　日本ではなぜビジネスジェットが普及しないのか

先の章で述べてきたように、欧米では、すでにビジネスジェットはビジネス・ツールとして社会的に認知されているし、中国をはじめとするアジア諸国においても、ビジネスジェットは日本を上回る速度で普及し始めている。しかしながら、日本では、未だビジネスジェットは一般的に認知された存在にはなっていない。特に、日本国籍のビジネスジェットの機数は少なく、せいぜい五十数機程度に過ぎない。一方、航空大国のアメリカの場合、アメリカ国籍のビジネスジェットの数は2万機近くに上っているし、

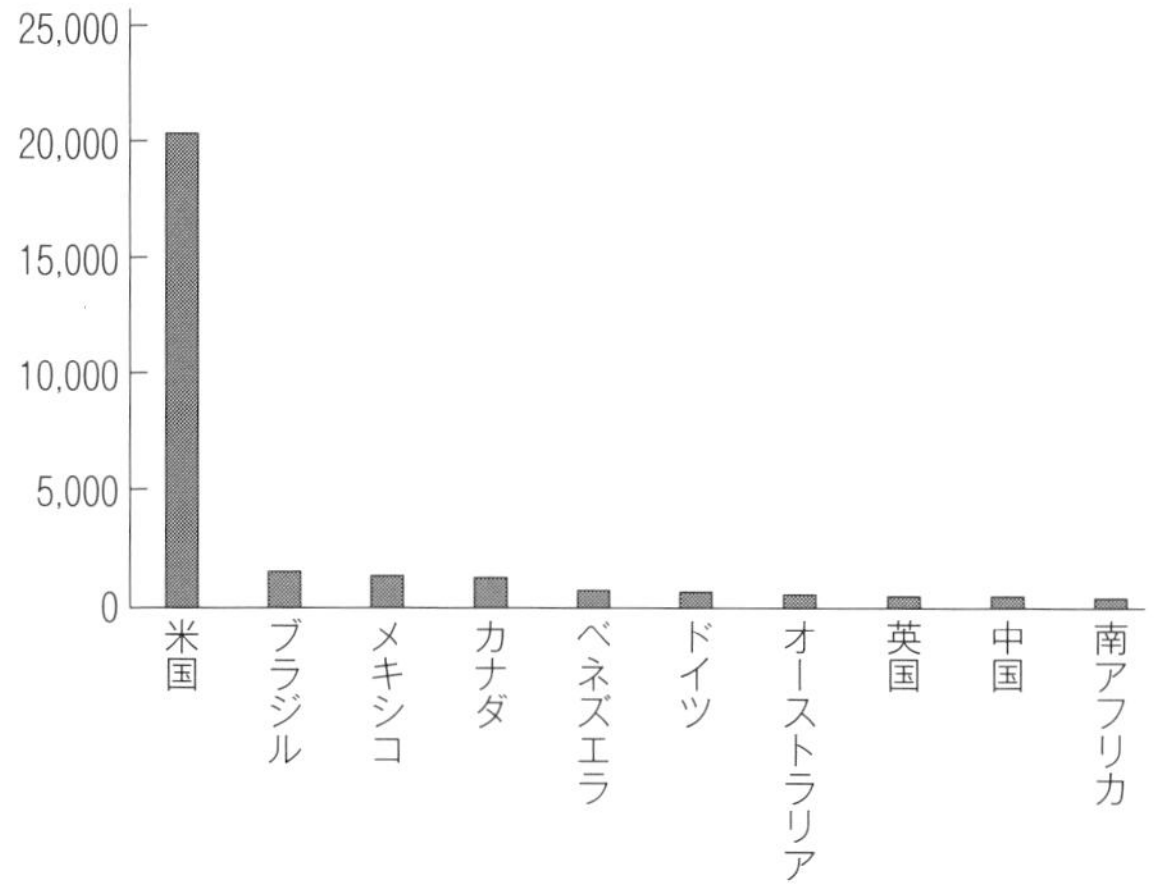

図４－１　ビジネスジェット国別登録機数ランキングトップ10
（出典）BART International FEB-APR2017.

近年、中国をはじめとするアジア諸国でも、急速な経済発展を背景として富裕層が急速に増加している結果、保有機数もそれにともなって急激に増加してきている。

それではなぜ、日本国籍のビジネスジェットは増えないのか。その理由としては、以下のように、いくつかの理由を挙げることができる。

（1）高い保有コスト

日本においては、ビジネスジェットを保有するコストが非常に高いという問題がある。

まずは、ビジネスジェットを保有した場合、毎年、固定資産税の支払い負担が、所有者に対して重くのしかかってくるという問題がある。

ビジネスジェットを購入する際にも税金がかかるが、それは一時的なものである。しかし、固定資産税は毎年支払わなければならないため、日本でビジネスジェットを保有しようとする者にとっては極めて大きな負担となる。もちろん、富裕層にとって、いくら多額の税金がかかるといっても、それが本当に負担になっているのかどうかについては疑問が残るところであろう。しかし、実際に現在ビジネスジェットを保有している人に直接伺ってみると、固定資産税を支払うことの負担感は極めて大きいとのことである。固定資産税の標準税率は1・4％である。仮にホンダ・ビジネスジェットを保有しようとした場合、購入価格が5億円であったとすれば、毎年約700万円の税金を支払わなければならないのである。この額を富裕層がどう見るかは再度問題となるだろうが、もともと富裕層に属していた人々は別としても、そもそも金銭感覚に優れた人が蓄財を重ね、富裕層になった場合には、こうした支払いはできるだけ回避しようとするのも当然であろう。

固定資産税は、国内にない資産については課税されない。そのため、ビジネスジェットを購入しても、それを海外における資産として登録することになるのだ。この点に関しては、様々な点において航空業界に先行する海運業界の例に、ビジネスジェットの場合も従っているということもできる。

海運業界では「便宜置籍船制度」というものがある。実際に船舶を製造した国はどこであれ、最終的にその船舶の国籍を登録する場合に、その保有コストが最も安くなるような税体系を持っているところで船籍を登録することを便宜置籍船制度という(3)。

ビジネスジェットでも、これと同じような理由で、実際には日本のオペレーターが運用しているものの、機体は外国籍であることが一般的となっているのである。しかし、本来は、やはり日本の国籍をもったビジネスジェットが増えることで、日本をベースとした経済活動が日本にもたらす経済効果もそれだけ大きいものとなる。

つまり時間価値を最大化するためにビジネスジェットを利用することとは、企業にとっては、まさに生産性向上のための積極的な投資である。あるいは時間価値を常に最大化するために支払われる「費用」

であると考えられる。そうであるならば、ビジネスジェットの利用に関わる経費は「費用」として計上されるものであり、企業活動にとって会計上有利になるものとして取り扱われなければならない。ビジネスジェットに関する現在の税制上の取り扱いは、今日の経済状況を全く反映しておらず時代遅れのものであると言わざるを得ない。早急にビジネスジェットを保有することを促すような税体系に変更しなければならない。そして、日本国籍のビジネスジェットを増やすための取り組みを進めなければならない。

それに、そもそもビジネスジェットを固定資産として位置付けることに無理がある。ビジネスジェットはある特定の場所に「固定」されているのではなく、まさに世界中を動き回る存在だからである。先述のように、ビジネスジェット取得後は、その毎年の運用に対しては「費用」として計上し、保有することがメリットにつながるようにすることが望ましい（どうしても課税するというのであれば、むしろ、自動車などと同様の課税方式を当てはめた方が理にかなっていると言えよう。ただ、日本における自動車に対する課税は歴史的経緯を経て特殊なものとなっており、直接的な参考にならないことも事実である）。

このように、ビジネスジェットは生産手段としてとらえ、その所有、使用を促す方向の課税方式および関連する会計基準に早急に変更すべきである。そうすることによって日本におけるビジネスジェットの保有と、その利用が促進されれば、それによって経済も刺激され、税収も多くなり、社会全体がその恩恵を被ることになるだろう。

ビジネスジェットの維持費に関しては、オーナーの場合、運航乗務員、訓練費用、定期・不定期整備費用、格納庫賃料や航空機保険代、航空機の各種データベース購読料や運航管理費などがかかってくる。その結果、年間で1億から3億円程度の固定費が必要となるとされている。この固定費負担を少しでも軽減するために、自分で利用しない期間は、第三者にチャーター機として貸し出すことで収入を得るオーナーが多い。

ビジネスジェットの管理については、高度な専門的知識と国際運航経験が必要となるため、プロの運航管理会社に委託することが一般的である。

また、1回のフライトにかかる費用は距離ではなく、飛行時間によって変わって来る。運航経費は、オーナーの場合で飛行1時間あたり約40万から60万円くらいになる。チャーターの場合には、機種や渡航日程により変わって来るが、飛行時間1時間あたり約40万円から210万円程度。10名前後が搭乗可能な機体での往復費用は、概算でハワイが2000万円以上、ヨーロッパだと3500万円以上になる。(4)

固定資産税の問題に関しては、富裕層に対しては、その税金の支払い能力（担税力）が大きいのだから、ビジネスジェットについても固定資産税をしっかりと払ってもらうのは当然だという見解も表明されている。これは、財政学の中でも「垂直的公平性」、つまり個々人の担税力に応じた課税を行うことで国民の間に負担の公平性を実現するという考え方があり、筋が通った主張であることは確かである。しかし、これもよく主張されるところであるが、このような形で公平性を図ろうとすると、よほど愛国的な思想をもつ人でない限り、せっかく稼いだお金をみすみす税金にとられるくらいであれば、できるだけ節税しようというインセンティブが働き、前述のように航空機の国籍を海外のものとしたり、究極の場合にはより税負担の軽い国外に移住することを選択することになるだろう。実際にそのような人々は存在するのであり、そうした人々は優秀な起業家などであることがほとんどであることから、人材流出による国力の低下という国家的リスクに直結することになるのである。

また、垂直的公平性にせよ、水平的公平性(5)にせよ、徴収された税金が具体的にどのような形で使用され、その結果、どのような社会的効果が生み出されたのかが明らかにされなければ、税制自体への社会的信頼は得ることができず、今後高齢化と人口減少が進み、特に労働者人口における個々人の社会負担が増加していく中で、納税回避の動きはますます大きなものとなっていきかねない。一年の財政規模が100兆円を超えるまでに肥大化した国家予算の使い道、決算の透明化をどのように図っていくかは、ビジネスジェットの普及においても重要なつながりを持っているのである。

(2) 格納庫の不足の問題

ビジネスジェットを日本で保有しようとした場合、その保管場所（駐機スペース）を確保するのが難しいのも大きな問題である。ビジネスジェットを保有できるだけの所得水準をもつ人々は東京など大都市周辺に居住していることが多いため、本来であれば、大都市圏、特に羽田空港のような日本の中心空港にビジネスジェットを駐機することができれば理想的である。しかし、羽田空港は世界的に見ても稀に見る超過密空港であり、また、後述（4）で述べているように、旅客平等主義の観点から、ビジネスジェットよりも、一般の人々が利用する公共的な航空会社の輸送を優先することから、ビジネスジェットの駐機は極めて限定的なものとなっている。このような事情により、都市部の大規模空港は定期航空機がほぼ駐機スペースを独占している状態で、駐機スポットに併せて、ビジネスジェットの発着枠から して取得することがかなり難しい。

そこで日本では、海外の空港などに駐機する場合を別として、ビジネスジェットの保有者の自宅から身近な「国内」に駐機スペースを確保しようとすれば、それができるのは地方空港くらいにしか期待できない。そのため、地方空港においてビジネスジェットの受け入れを積極化させようと、国土交通省は地方空港に対し、ビジネスジェットを積極的に誘致しようとする際には補助金を出すという優遇策を打ち出した。ただ、そうした政策が示されても、地方空港は従来の定期便の維持・増便にしか関心がないのが現状である。

これに関連して、格納庫が足りないという問題もある。航空機は、単に駐機するだけでは不十分であり、整備など各種の作業を行うことができる格納庫が必要である。

ビジネスジェットを保管すべき格納庫が特に首都圏では不足している。そのため、本来の目的地である羽田空港などの大都市空港で利用者を降機させ、飛行機は駐機スペースに余裕がある地方空港への誘導を図ろうとしているが、(6) そもそも地方空港にも格納庫が少ないこと、そして地方空港への移動によって燃油費やパイロットなどの人件費など、余分な負担がかかるため、ビジネスジェットの利用者にとっては不評である。そこで、ビジネスジェットをより多く日本に呼び込もうとするのであれば、格納庫の建設を、少なくとも地方空港において進めていかなければならない。(7) そしてFBOもそれに付随する形で立ち上げていくことが求められる。それをいち早く行うことができるかどうかが、今後、地方空港の機能強化を通して、より実効的な地域振興を進めていく上で、そして将来的には国際的なビジネス展開の中で日本がビジネスジェットというインフラ面で少しでも劣位を挽回できるかどうかの分かれ目になってくるだろう。

ただ、先にも触れたが、肝心の地方空港側で、ビジネスジェットの受け入れに対してほとんど関心がないといってもいいというのが現状である。地方空港にとっては大都市の空港とは違って発着枠の供給制約がないので、どうしても来客数をどこまで多くするかに焦点を当てた政策を遂行しようとする傾向が強い。また、誘致の対象もＬＣＣが中心となっている。大手の航空会社よりも就航するかどうかの判断が早い、つまり身軽であることに交渉相手としての魅力を感じるのだろう。そして、基本的にLCCは短距離の路線を運航させるため、周辺アジア諸国が就航先となる。その結果、中国、韓国、香港、台湾といったインバウンドの上位ランキングの国を誘致しようというマーケティング戦略とちょうどマッチするような形となる。

しかし、この地域ではLCCも飽和状態になってきている。その結果、LCCの中には経営破綻に陥るところも出てきている（新型コロナウイルスの影響は、こうした淘汰をさらに加速させることになることは間違いないだろう）。その結果、就航しても、ほどなく撤退になる、あるいは就航を予定して広く宣伝していても、結局就航できなかったというケースもある。

そもそもLCCは、儲からないとみればすぐにその路線から撤退するのが基本的なビジネスモデルである。大手航空会社のように、地方との長期的な関係、公共性といったものを考えることもない。極めてクールなものである。そしてそうでなければ生き残れないのだ。この点をしっかりと理解して地方空港はLCCと対峙しなければならない。

前記4か国・地域の中でも、親日的で経済的にも安定している台湾からのインバウンドを増やし、日本からも台湾へのアウトバウンドを促進することで双方向的でバランスのよい需要がある路線となるよう、台湾の航空会社・旅客を誘致しようという地方空港が多いが、その結果、日本の地方空港の間で台湾からのインバウンドを取り合う結果となっている場合がある。つまり、相乗効果で競合する地方空港のインバウンドの総数が増えるのではなく、片方が増えればもう片方が減るという「ゼロサム・ゲーム」になっているのだ。

最近では日韓関係の悪化、香港の内政の不安定化によるインバウンドの影響も甚大であり、特に韓国路線の撤退、減便の影響は大きい。韓国の場合、日韓関係の悪化に加えて、これまで主として韓国の航空輸送を担ってきた大手の航空会社が経営危機、あるいは大きな経営上の転換点を迎えている。

大韓航空は、そのホールディング・カンパニーである財閥における創業家の肉親内の争いやスキャンダルが大きな問題となっている。2014年、大韓航空のホールディング・カンパニーである韓進グループの会長の長女である趙顕娥氏は、当時大韓航空の副社長であったが、自分が搭乗していた自社の航空便のファーストクラスにおいて、客室乗務員のマカダミアナッツの提供の仕方に対して激高し、さらにチーフパーサーの対応にも不満を示した結果、そのチーフパーサーを航空機から降ろすために、すでに滑走路に向かっていた航空機を搭乗口に引き返させたことが大きく報道され、話題となった。このことから、同氏は「ナッツ姫」と呼ばれ、世間から大きな批判を浴びることになった。そして、その行為をめぐって裁判で争われ、最終的に業務妨害罪、強要罪で有罪判決を受けた。

また、その妹である趙顕旼氏が、社内の会議中に質問に答えられなかった広告会社の社員に対して怒鳴りながら水の入ったコップを投げつけたこともパワハラであるとして報道上大きく取り上げられた。これに対しては、姉につけられた「ナッツ姫」にちなんで「水かけ姫」と名付けられた。このほかにも、母親も長女とブランド品の密輸を行うなど、その品行が法的に罰せられるほどのものである。

このように身内がごたごたし、それが十分に収まらない状態で、2019年4月、趙亮鎬会長が死去した。後継の経営トップには長男である趙源泰が就任したものの、その後、大韓航空の経営権をめぐって、「ナッツ姫」と趙源泰との間で激しい争いが行われているという。

ここまで内紛が世間に大きく報道され、実刑判決まで受けているような経営陣に、社員がどこまで忠誠心を示すのかは、はなはだ疑問である。航空会社の経営の第一の使命は安全の確保であり、それを可能にするためには、その使命の実現に向けた社員の取り組みにおける一体感が欠かせない。その意味では、大韓航空は航空会社のあり方として極めて深刻な危機を迎えていると言ってもいいだろう。そこに政治的理由からの需要の減退、また財閥一般に対する厳しい政策が重なっており、果たしてこの決定的に危機的な状況をどのように乗り越えることができるかが心配されるところである。もし破綻するとなると、多くの社員が職を失うという悲劇が伴い、そのようなことはやはり何としてでも避けるべきだと考えるからだ。

韓国のもう1つのフルサービス・キャリアであるアシアナ航空にしても、経営状況は芳しくない。アシアナ航空は、大韓航空による韓国航空市場の独占状態に風穴を開けるための航空自由化政策が実施された際、財閥の1つである錦湖グループによって設立され、1988年に新規参入を果たした。それ以来、アシアナ航空は急成長を遂げてきた。日本市場に対しては、多くの地方都市に乗り入れるという独特の路線展開を行ってきた。当時の日本支社長は、中国から韓国への旅客需要を取り込むのが主たる経営目的であり、日本＝韓国線はその延長線であるがゆえに路線展開も多様性を持たせているとある講演会で語っていた。また、静岡などの地方空港であっても、海外からは東京といっても差し支えないような地理感覚だと言っていたのも印象的であった。しかし、その後ＬＣＣが韓国でも発展し始めると、それらとの競争が激化し、アシアナ航空の経営は悪化していった。そして２０１５年12月期には負債が8・4兆ウォンにも達するようになった。２０１８年には経営再建の一環として本社ビルを売却したが、それでも資金繰りは好転しなかった。その結果、錦湖アシアナグループは２０１９年4月、アシアナ航空を売却すると発表した。そして競争入札が行われた結果、２０１９年末、現代財閥系列の現代産業開発（ＨＤＣ）と未来アセット大宇のコンソーシアムがアシアナ航空を買収することが決まった。

ホールディング・カンパニーの交代によって、アシアナ航空が今後どのような経営を行っていくのか未知数のところがある。当然ながら、新たな経営体制は、経営の早期の立て直しを図るため、不採算路線の縮小、撤廃を行うであろう。そして、その主なターゲットとなると考えられるのが日本の地方空港と韓国を結んでいる路線である。このことに危機感を抱いた日本の地方自治体の中にはいち早くアシアナ航空に対する陳情を行ったところもある。しかし、かつてのように政治的配慮が航空経営に与える影響力は極めて小さいものとなっている。政策の自由化の進展は、それだけ航空会社の生き残りを難しくしたと同時に、政治的な介入の余地も極小化したのである。

こうして韓国の大手の航空会社が経営危機を迎えているものの、ＬＣＣがその分をカバーすれば地方空港も、そして、その所在地である地方の経済もインバウンドの旅客によってもたらされる経済効果によって恩恵を受け続けることができる。しかし、先述のように、日韓関係が政治的要因によって悪化してしまったため、、渡航自粛の動きが顕在化してしまっている。その結果として２０１９年のインバウンド総数の伸びもこれまでの勢いがなくなっている。そして、韓国からのインバウンドに依存してきた日本の観光関連業界は大きなダメージを受けている。

そして、２０２０年に入ってからは中国の武漢市を発生源とする新型コロナウイルス感染症が発生した。ちょうど中国の正月にあたる春節の時期に重なったこともあり、世界的に感染者が広まった。中国国内では、複数人の会食なども禁止されるなど、かなり厳しい拡散防止対策が取られるまでに至った。しかし、その勢いはなかなか衰えを見せず、日本を始め世界各国で感染者が発見され、ＳＡＲＳ以来の、一種のパニック状態を引き起こした。これによって、韓国人客の減少を中国人客の増加、特に春節需要で埋め合わせようとしていた旅行業者、宿泊業者にとっては大きな打撃となった。

２０２０年１月の時点で国土交通省は、２０２０年度は韓国に代わって日中間の航空需要が日本の航空産業をけん引していくことになるとの見方を、ある研究会の席上で政策担当者が示していた。しかし、そうした見解が早くも裏切られることとなってしまっている。このような一種の自然災害的な事態の発生は、到底予想できないことなので、ある程度仕方のないことであるが、それでも不可避だからといって事前の対策が不要であるということにはならない。今後はこうした予測できないリスクがさらに増加していくだろう。なぜなら、異常気象の問題もあるし、技術の高度化に伴い、不測の事態によってシステム上何か問題が起こった際の対応もますます難しいものとなっているからである。イベントリスクが航空産業、そして観光・旅行産業においていかに大きなものであるかということを改めて深く理解し、あらゆる事態を想定した対応策を常に模索していかなければならない。

また、こうした地方空港間の競合関係やイベントリスクに鑑みると、地方空港の生き残りを図っていく上では、定石のように前記４か国との間の路線運営に頼るのではなく、新たな発想のもとに、他の地方空港にはない空港活用策を積極的に模索していかなければならないのだ。その１つの重要な解がビジネスジェットである。

そこで、ビジネスジェットの本筋の話に戻ろう。確かにビジネスジェットを利用する方としても、日本を訪れようとする場合、本来の目的地が地方であることはあまり多くないだろう。したがって、地方空港の側でビジネスジェット誘致に対して何の行動も起こさなくても、地方空港の存続について、当面は、大きなインパクトを与えることが期待できないことも事実である。しかし、前述のように、長期的な展望において他空港との差別化を図っていくためにはビジネスジェットの受け入れの意義について真剣に検討する余地は十分にある。そして、国全体のあり方としても、特に首都圏空港においてビジネスジェットの受け入れが十分にできないのであれば、地方空港において受け入れていかざるを得ず、地方空港に対してビジネスジェットを積極的に受け入れていくようにさせるようなインセンティブを強力に推し進めていく必要がある。その大きな契機となるのが東京オリンピック・パラリンピックの開催であろう。

なお、後に紹介するが、静岡富士山空港などでは、ビジネスジェットの受け入れのための格納庫事業を積極的に手掛けており、注目されるところである。

(3) カボタージュライトについて

これまで述べてきたように、首都圏においてはビジネスジェットのための格納庫、駐機スペースが不足している。このような現状下においてより多くのビジネスジェットを積極的に受け入れていくためには、格納庫が作りやすく、また駐機スペースに余裕がある地方空港へビジネスジェットを誘導することが容易に行われるようにすることが必要となってくる。

しかし、ここではカボタージュライト(外国人による国内輸送)の問題が関わってくる。

カボタージュライトとはどのようなものなのか。ここでは具体的に日本の成田空港とタイ・バンコクの間の航空輸送についてカボタージュライトを考えてみよう。航空会社にとっては、バンコク—成田のラインがここでの主たる運航路線であるとしよう。この路線を運航できるのは基本的に日本あるいはタイの国籍をもつ航空会社である。ここで当該路線を運航するのがタイ国籍の航空会社であるとするならば、成田—札幌間の部分が、外国航空会社が日本国内を運航するということで「カボタージュライト」として見なされることになる。ちなみに、札幌—ハワイのラインは本来日本とタイの間の交渉で認められたタイと日本の路線を超えて、第3国まで延長して運航することができる権利であり、これを「以遠権」と呼んでいる。

日本では、航空法第130条により、外国籍機による国内二地点間の運送（有償運航）は禁止されている。

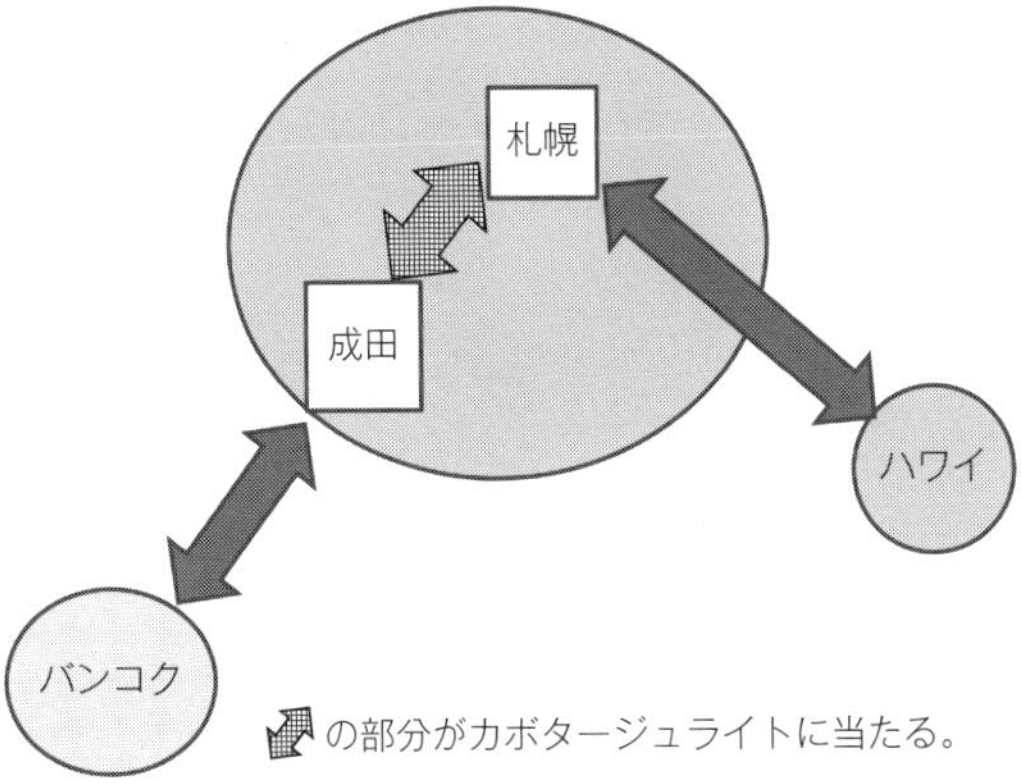

図4－2　カボタージュライト

（航空法第130条）

第127条但書の許可に係る航空機、外国人国際航空運送事業者の当該事業の用に供する航空機又は次条の許可を受けた者の当該運送の用に供する航空機は、有償で本邦内の各地間において発着する旅客又は貨物の用に供してはならない。但し、国土交通大臣の許可を受けた場合は、この限りではない。

日本にビジネスジェットを利用して訪れる海外からの人々の中には、時間に余裕がある場合、せっかくの機会だから日本の各地の観光地を訪れたいと思うかもしれない。そして、その際には、当然ながら、日本国内を、引き続き、自分のビジネスジェットで訪れたいと考えるだろう。一方、ビジネス目的で日本を訪れる人々であれば、日本国内の移動に関しては、せっかく持ってきた自分の機材で自由に日本国内を移動し、商談などのビジネスを効率的に進めたいと考えるのは当然のことである。こうした要求があるのに対して、それを法的に禁止するということは、ビジネス、そして観光の舞台としての日本の魅力を大きく損なうことになる。一般的な航空輸送についてまでカボタージュライトを認めてしまえば、国益に大きく関わってくる問題であり、慎重に取り扱わざるを得ないのはよく理解できる。しかし、ビジネスジェットに関しては、特例としてカボタージュライトを認めるということも、経済振興上より効果的な政策として積極的に考慮すべきではないかと考える。

さらには、機体を地方の格納庫で保管することが必要になった場合、その移動の際に、ただ単に航空機を飛ばすのではなく、その間を利用したいという他の乗客を乗せて飛ぶことができれば、その人から運賃を収受することによって、主たる利用者は、少しでも経済的負担を減らすことができる。

重ねて言うと、カボタージュライトを全面的に開放する必要性までは主張していない。ただ、ビジネスジェットの普及のためには、ビジネスジェットに関してのみ、早急にカボタージュライトを開放すべきである。

このように、自国での保有コストが高いことから、海外にビジネスジェット機を駐機して海外国籍の飛行機として運航し、日本から世界に向けて、あるいは世界から日本への移動に利用している日本人が多い。しかし、これは本来的なあり方ではない。やはり、日本人がビジネスジェットを所有するのであれば、日本の国籍をもつものとすべきであろう。

現状は、金融の世界でいえばタックスヘイブンのようなものである。つまり、税金がかからないところに架空の会社を設立し、そこで収益管理することで、本来、自国で支払わなければならない税金を逃れる行為である。国の制度のあり方に関する考え方は、当然国によって異なってくる。たとえば石油産出国として莫大な富を享受し、それを国民に還元する形で、国民の医療、福祉を無料化・低廉化している中東諸国のようなところもある。逆に高い社会保障負担を求めるかわりに充実した福祉体制を確立している北欧のようなやり方もあるだろう。しかし、タックスヘイブンのような存在は、こうした国々において見出せるような政策の背後にある確固たる理念が見出せず、国際アングラ経済の温床となっている。

ビジネスジェットについても、ただ保有コストが安いから海外に籍を置くというのは健全なあり方とはいえない。そのような場合には、所有者にとっても、利用したいと思う時に、場合によっては国籍があり、駐機している海外からわざわざビジネスジェットを回航させなければならない。それは燃料費やパイロットなどの人件費といった、多くの経費を無駄に支払うことになる。もちろん、そうした余分な出費を抑えるために、日本への回航にあたっては、そのタイミングでビジネスジェットを利用して来日したいという人にその機体をチャーターとして貸し出すことができれば望ましいが、必ずしもそのようにタイミングよくチャーター需要があるわけではない[8]。よって、海外にビジネスジェットの国籍を置くことは、たとえ日本国籍機として所有するよりも普段の経済的負担は軽減されるとしても、所有者として利用する場合に最適な状態であるとは言えない。

またビジネスジェットを日本籍として保有することで、日本にベースを置くことになれば、メンテナンスのための部品需要、ＦＢＯの発展、格納庫ビジネスの興隆につなげることができる。ビジネスジェットに関連する産業のすそ野も案外広いのである。この点をきちんと理解し、評価することが重要である。ただビジネスジェットの普及を図るのではなく、日本国籍のビジネスジェットの数を増やすことも重要なのだ。

（4）平等主義的考え方

ビジネスジェットを離発着させる需要が大きい大都市空港、特に首都圏に最も近く利便性の高い羽田空港においては、東京一極集中がさらに進んでいる状況下で、海外各国、ならびに国内の各地方からの乗り入れ需要が多く、発着枠が決定的に不足している状態にある。

その結果ともいえるが、ビジネスジェットを駐機させるためのスペースも、空港内に十分に確保されていない。それは、このように需要過多であり、駐機スペースが不足している中、「顧客平等主義」、つまり、公共性のある航空輸送においては、乗客には貴賤の違いよりもより多くの人が利用できるようにすべきであるという観点が優先され、一般の旅客をどれだけ多く取り扱うことができるかが重視される。そして、その結果としてビジネスジェットのような特殊なもの、つまり富裕財と見なされ公益性が低いものよりも、一般の人々が利用する定期航空便を優先的に取り扱ってきた歴史がある。現在でもこうした考え方が引き継がれて、実践されている。

これに対して、欧米ではビジネスジェットを利用する人々は高額の利用料を支払っているのだから、それだけ優遇されても当然であるという考え方が、少なくとも日本よりも一般化しているとみてよいだろう。そして、こうした考え方は収受する金額が増大することで経済効果を高めることにつながり、ひいては国民全体に利益をもたらすことにもつながるのだ。

一方、先にも触れたことに関連するが、日本では、空港は国民の税金によってつくられた公共施設であり、国民が等しく「応分の負担」をしているのだから、それを利用するものに所得水準における差別化を行うことは望ましくないという見解がある。もちろん、この点に関しては、富裕層はその所得水準の高さゆえにより多くの税金を支払っているのだから、それだけの見返りがあって当然だという考え方も受け入れられるべきだが、そうした見解はマスコミ受けしないし、そういった主張をすれば社会的な糾弾の対象となりやすい風潮がある。

近年、たとえば各航空会社が定めているマイレージクラブの上級会員などについては、チェックインや保安検査場の通過の際に優先レーンを設け、一定の優遇措置は公然と行われるようになった。しかし、それ以上の特別扱い、たとえばＶＩＰに関しての取り扱いについては、セキュリティー上の問題もあるが、暗黙裡に行われている。ＶＩＰを特別扱いすることに関しては、その必要性、あるいは妥当性について頭では理解しているつもりでも、実際にそうした取扱をすることに対して、日本ではまだまだ抵抗感があるのではないかと思われる。

そもそも、ビジネスジェットを保有することに対しては、日本社会ではマイナスのイメージがまだまだ強く存在している。近年、ネットビジネスなどで成功した新世代の起業家たちが、芸能人などを連れてビジネスジェット（この場合にはプライベートジェットという表現を用いる方が望ましいだろう）を利用して派手な振る舞いを行っている状況が報道され、ビジネスジェットに対するマイナスのイメージがメディアなどを通じて形成されてきた。その結果、ビジネスジェットは富裕層のための「おもちゃ」であり、ぜいたく品であるという意識が国民に刷り込まれているような感がある。それゆえ、そのようなものを重視するのは、社会政策として到底同意できないという社会的意識が今でも強いのではないかと思われる。

しかしながら、本書の当初から主張しているように、本来、ビジネスジェットは、国際化、情報化といった大きな環境変化の中で、企業を中心にその需要が高まっていて注目すべきものである。ビジネスジェットは、現代における重要なビジネス・ツールであり、もっと積極的に、社会的に肯定的な評価が与えられるべき存在なのである。そして、前記のような乗客絶対平等主義的な考え方も、より深い考察のもとに、今後修正されていかなければならない。つまり、ビジネスジェットはただ富裕層が自らのステータスシンボルとして、また自分だけの快楽を享受するためにあるのではなく、ビジネスジェットの利用が普及すれば、多角的な側面からの経済振興がなされ、それによってもたらされる経済効果が、最終的には税収の増加、あるいは経済の活性化という形で国民全体に還元されるのである。

このように、より広い視野からビジネスジェットの価値を再評価し、その利用に関しては肯定的に、積極的に普及を促進していかなければならない。ただ単に嫉妬のような感情から、目の前に移る光景に対して単視眼的な批判を行うのではなく、視野を広げて、ビジネスジェットのもたらす可能性を的確にとらえ、それを実現していくことができるような社会環境を今後は構築していく必要がある。

また、ビジネスジェットを成功の1つの証と位置付け（先述のように、中国では実際にそのような意識が出てきている）、若者世代を中心に、将来は自分もビジネスジェットを頻繁に、優雅に乗りこなすような存在になりたいという願望を持たせ、事業を成功させて富裕層の仲間入りをしようというインセンティブを与えることができれば、日本経済はより多くの優秀な起業家を輩出することができるだろう。その意味では、ビジネスジェットの普及推進政策は、まさに今の大きな経済構造の転換期に求められている人材育成にもつながるものであり、ビジネスジェットが魅力的なものだというアピールを様々なメディアを通じて国民、特に若者層に対して啓発していくべきである。

ちなみに、ここで主張しているビジネスジェットの位置付けに近い存在が、海を疾走するクルーザーであろう。クルーザーも購入価格は高く、その維持費は相当な額に上る。まさに富の象徴である。しかしながら、日本は島国であり、海が身近なものであるからか、クルーザーを所有することにはあまり批判的な主張は聞こえてこない。さらに、かつて青春映画などでヨットやクルーザーを舞台に華やかなイメージが振りまかれたことにより、クルーザーを持つことを成功者の夢として語ることに社会的抵抗感はないといっていいだろう（石原裕次郎や加山雄三の映画などのイメージの効果である）。今後はビジネスジェットもクルーザーと同様に肯定的に評価されるべきである。

確かに、一般的に見て、ビジネスジェットとクルーザーでは購入価格にかなりの差があることは事実であるし、目に触れる機会も圧倒的にクルーザーの方が多く、その分、両者に対する国民の感情が変わってくるのは当然のことではある。したがって、ABACEの取り組みのところで取り上げているように、ビジネスジェットについて若い世代を中心に、広く啓発活動を行うことが重要になってくる。幼い世代から、ビジネスジェットの社会的有用性、そしてそのもの自体の魅力を伝えるような教育を行っていくことが必要となってくるだろう。

この点について、別の側面から関連させて考えてみよう。

昨今、幼少時から実社会に関わることに興味を持たせる教育が盛んに行われるようになってきた。その代表的なものが小学校からの英語教育の導入であろう。また、金融などの分野でもこうした早期教育の試みが進められている。

もちろん、こうした教育のあり方には激しい賛否両論があることは容易に理解できる。ただ、もしこうした方向性が今後も継続的に模索されていくのであれば、繰り返しになるが、ビジネスジェットの社会的有用性についても、交通安全教育のようなスポット的な取り扱いでも構わないので、積極的に行っていく価値があるだろう。

そしてその際には、ビジネスジェットの日本における業界団体である日本ビジネスジェット協会が主導的役割を果たさなければならない。現状では、ビジネスジェットの日本での普及に向け、政府に対する提言を行う取り組みなどを積極的に行っていることは評価できる。しかし、ビジネスジェットに係る体験の機会の提供などの啓発的な活動についてはあまり見ることができない。少なくとも、一般の人々を対象としたビジネスジェットの搭乗体験会の開催など、人々がビジネスジェットというものは実際にどのようなものなのかを実感として理解できるような場を積極的に設けていくべきである。そうしない限り、言葉による説明、説得だけでは、ビジネスジェットに対する抵抗感を払拭していくことはなかなか難しいだろう。特に想像力の欠如、つまり、実際に目にしないものは理解できないという人が増えている問題が指摘されている社会的現状ではなおさらである（小説などがしきりにアニメ化されるのはその1つの現れとしてとらえることができるだろう）。実際にビジネスジェットの素晴らしさを体感させたうえで、その利点を説明すれば、ビジネスジェットの重要性について納得してもらいやすいはずだ。そもそも幼少の子供たちにとっては、飛行機はあこがれの的になりやすい。体験会を通して子供がビジネスジェットのファンになれば、その後彼らが社会の中核になっていく頃には、ビジネスジェットの社会的認識も相当に変化するに違いない。

また、国としても、その成長戦略の1つとしてビジネスジェットの推進を掲げている以上、そのサポートを十全に足る形で行うことが求められる。各自の経験に照らしてみれば分かるように、幼少期の「刷り込み」は、その後の人生において極めて大きな影響を与え続けるのである。

なお、最近では、ビジネスジェットの体験は、やり方によっては数万円程度できるようになっている。ビジネスジェットとはどのようなものなのかを実際に経験することは、それほど難しいものではなくなっている。是非、こうした機会が一般化し、ビジネスジェットに対する社会的受容が進んでいくことが望まれる。

また、前記のように、ビジネスジェットのオーナーは、その保有負担を少しでも軽減させるために、移動に際して自分が搭乗しない回航などの時間は、機体を貸し出すことが多い。その場合には、チャーターとして計画し、機体・乗員を手配するよりも割安で利用できる場合が多くなる。世界中でどのビジネスジェットがどこにあり、どういう動きをしているかという情報は、ビジネスジェットのオペレーターがしっかりと把握しており、どこの区間でビジネスジェットを利用したいと指定すれば、それに最適なビジネスジェットを紹介してくれる。こうしたオペレーターにはホームページから気軽にアクセスでき、見積もりもウェブ上で申し込めるので、具体的にどれくらいの価格でビジネスジェットを利用できるのかを知るために、一度試してみるとよいだろう。

ビジネスジェットの機内での食事は、ある程度の大きさのビジネスジェットであれば調理施設が設置されているため、定期航空便のファーストクラスなどと比べて遜色のない食事を機内で調理し、でき立ての状態で食べることが可能である。もちろん、それ以上のものも、リクエストすれば用意してもらうことも可能であろう。ただし、通常の場合であれば、民間航空機と同様に、外部からのケータリングサービスを利用し、レンジなどで温めて食べることが多いようだ。ただ、これは定期航空便の場合も同様だが、乗り慣れたビジネスパーソンほど機内では軽い食事で済ますようだ。それは、搭乗前に、あるいは到着してから食事をするということもあるだろうが、健康管理上の理由が主なように感じられる。ビジネスにおいて健康管理がいかに大切かということを、経営のトップ、あるいはそれに近づけば近づくほどしっかりと認識しているということである。

そう考えると、航空機の性能がさらに向上するとともに、健康意識が高まり続けるならば、いずれは大型ビジネスジェットの中には、運動ができるフィットネス空間も設けられるのではないかと思われる。

たとえば、宇宙ステーションでは、地球上とは違って重力が働かないために、長期で宇宙に滞在するときには、重力に抗して体重を支えるための筋肉が衰えてしまい、地球上に帰還した際には自力で立つことができなくなってしまう。こうした筋肉の劣化を少しでも防ぐために、宇宙飛行士は宇宙ステーションの中で一定時間トレーニングに励まなければならず、そのための機材も据え付けられている。

ビジネスジェットにおいてそこまでフライト中の健康状態の維持に配慮する必要はないかもしれない。定期航空便のエコノミークラスに同じ姿勢のまま長時間いなければならない状況では、血の流れが悪くなり、血管の中に血の固まりが生じ、様々な身体的問題を引き起こす、いわゆるエコノミー症候群が発生する可能性があることについては、一般的にもよく知られている。それに対して、ビジネスジェットにおいてそのような状態が起こることは全くありえないといってもいいだろう。ただ、長時間のフライトともなれば、適切に体を動かして、心身ともにリラックスし、うまく睡眠をとりたいという欲求もあるはずだ。また、忙しいビジネスパーソンほど、健康管理には敏感であり、少しでも時間があれば体を動かしたいという人も多い。そのような要求にも、今後ビジネスジェットは工夫を凝らして応えていく必要があるだろうし、そのための工夫を行う余地は、定期航空便よりも大きいだろう。

（5）技術規制上の問題

日本では、航空法上、航空機を常に安全に飛行させるための耐空検査や資格などを取得したり維持したりするのにかなりの費用がかかる。また、その制度も複雑である。特にビジネスジェットについては、その取扱い上、様々な改善すべき点が指摘されている。

一方、国土交通省の側もこうした問題は強く認識しており、近年、ビジネスジェットの振興を国の成長戦略の1つとして位置付けて以来、ビジネスジェットに関わる法制度についても、その見直しが行われてきている。そして、そうした取り組みは一定の成果を挙げてはきているが、まだまだ十分な状況になったとは言い難い。この点に関しては、どのような技術規制の緩和が業界から求められているのかについて、ビジネスジェット業界からの具体的な改善要望と、それに対する行政側の対応について国土交通省で議論されている記録があるので、是非興味を持って閲覧していただきたい。

技術規制のあり方については、特にビジネスジェット先進国であるアメリカ、ヨーロッパとの間で法的位置づけが異なっていることが問題となっている。日本の姿勢としては、国際標準としてより一般的であるアメリカの基準に合わせていく方向で法改正の取り組みが進められている。

（参考）

平成24年3月21日　航空安全部「小型航空機を用いた航空輸送事業に関する技術規制の基本的な考え方（案）」

1．背景及び概要

業界団体から、ビジネスジェット機の利用を促進するため、ビジネスジェット機によるチャーター事業について、アメリカ基準を参考とした包括的な運航・整備基準を導入することが要望されている。

また、「規制・制度改革に係る方針」（平成23年4月8日閣議決定）において、ビジネスジェットの利用促進に資する規制の見直しとして、「小型ビジネスジェット機によるチャーター事業に係る参入基準及び運航・整備基準につき、国際民間航空条約付属書に定められた国際標準への適合を前提とし、アメリカの基準を参考とした包括的基準を導入することを検討し結論を得る」ことが決定されている。

今般、これらの要望及び閣議決定を踏まえつつ、小型ジェットを含む小型航空機を用いた航空輸送事業の国内外での

小型ジェット機を用いた航空運送事業（チャーター事業）に関する規制区分の見直し案

現行の規制区分の対象飛行機	規制区分の見直し案の対象飛行機
最大離陸重量 5700kg 超	客室数30席超 最大ペイロード3400kg 超
最大離陸重量 5700kg 以下	客室数30席以下 最大ペイロード3400kg 以下

競争力を強化し、当該事業の発展と利用者利便の向上を図る観点から、我が国の小型ジェット機を用いた航空輸送事業（チャーター事業）の技術規制を見直し、輸送の安全性を確保した上で、アメリカの技術基準（連邦航空規則（ＦＡＲ）Part 135）を参考とした包括的な基準の策定を検討することとした。

この際、航空の安全に係る技術規制は、国際民間航空条約付属書に定められた国際標準に準拠すべきものであることから、包括的な基準の導入に当たっても、国際標準への適合が前提となる。

2．基本的考え方

（1）小型ジェット機による航空輸送事業（チャーター事業）に関する技術規制の考え方

①包括的基準の導入について

我が国において現在運航されている小型ジェット機の大多数はアメリカ製である。また、世界の小型ジェット機も、アメリカで製造・保有されているものが大半を占めている。これらの航空機は、同国の技術規制に基づき設計・運航がなされ、米当局による同技術規制に基づく安全運航に対する多年にわたる指導・監督実績があり、航空事故の発生状況に着目した場合、アメリカの小型航空機によるチャーター事業における事故発生率は世界全体と比較して十分に小さい。

以上を踏まえ、アメリカ連邦航空規則（ＦＡＲ）Part 135を参考に我が国基準を見直すこととし、客室数30席以下かつ最大有償搭載量（以下「最大ペイロード」とする）３４００キログラム以下の小型ジェット機を対象とした、包括的な基準の策定を行うこととする。

なお、対象となる「チャーター事業」の運航形態については今後検討を行う。

②検討に当たっての留意事項

我が国の小型ジェット機に関する包括的な基準の内容を検討するに当たって、留意する事項は以下の通り

・現行の大型飛行機を用いた我が国の航空輸送事業に関する技術規制との整合性
・アメリカの技術規制の導入による規制の強化に繋がる場合の取り扱い
・アメリカと我が国の規制体系、運航環境等の相違
・アメリカ以外の諸外国の技術規制の状況

(2) 上記(1)以外の小型航空機による航空運送事業に関する技術規制見直しの考え方

小型航空機を用いた航空運送事業は、小型ジェット機を用いた航空運送事業(チャーター事業)だけでなく、使用する航空機の種類・形式も多岐にわたり、定期航空運送事業にも及ぶものであることから、(1)と同様の考え方に基づき、小型航空機に係る航空運送事業全体の技術基準の見直しを行うこととする。

(3) 見直しの進め方

業界からの要望を踏まえ、小型ジェット機による航空運送事業(チャーター事業)の分野の見直しから着手することとし、その後、回転翼航空機やプロペラ飛行機を用いた航空運送事業の分野の見直しを順次行うこととする。

平成24年　第5回ビジネスジェットに関する技術規制検討会

ビジネスジェットに関する技術規制の検討にあたって(メモ)

現在、ビジネスジェットに関する技術規制の検討を局内で進めて頂いているところかと思うが、その際には以下の点に留意していただきたい。

〈総論〉

○小型機に特化した基準の導入にあたっては、ビジネスジェットの製造数、保有数において世界随一で、事実上のグローバル・スタンダードとなっているアメリカの基準を参考にして頂きたい。

〈Ⅱ－3（1）機長に要求される資格及び資格保持〉

○ATPLの取得については、その難易度について、日米間で大きく差があると聞いている。外形上の基準はもちろんのこと、その実態（基準の運用や取得コストなど）まで含め、比較検討を行って頂きたい。

ATPL=Airline Transport Pilot Licence（定期運送用操縦士）

〈運航管理者〉

○事業者からは、経験年数要件などが障壁となっている旨聞いているが、運航管理者の資格要件は、日米間で具体的にどの程度差異があるのか。基準をアメリカ並みにできないか。

〈Ⅱ－7（1）規定類（飛行規程）〉

○本件の本質的な問題は、和訳までの間にタイムラグが生じてしまうことにあると聞いている。英文の承認でなくとも、タイムラグの解消又は短縮ができないか。

（6）空港における課題

昨今、羽田空港や成田空港、関西国際空港といった大都市の空港にはビジネスジェット旅客専用の施設が設けられるようになっているが、全国的に見ればビジネスジェットを利用する旅客に対して特別な取り扱いができるような施設が設けられているところはほとんどないといっていいだろう。それは、現在に至るまで、地方空港に対して、そこを直接の訪問目的地としたビジネスジェットが飛来することはあまりなかったことに鑑みれば、そうであっても仕方ないし、当然の対応であったともいえるだろう。しかし、地方創生の掛け声のもと、人口減少と高齢化が進む中、地方も独自の工夫をして生き残りを図っていくためにはインバウンド、特に富裕層の取り込みは重要な戦略課題であり、その一環として、ビジネスジェットの受け入れ体制も本格的に検討し、実践していく必要がある。

空港において、その敷地内にビジネスジェット専用施設が設けられていない場合、ビジネスジェットを利用する旅客は、定期航空会社と同じ空港・ターミナルを利用するため、出入国する際の動線が一般客と混在してしまう。その結果、人目になるべく触れたくないような超ＶＩＰなどのビジネスジェット利用者も一般の目に触れることになってしまい、プライバシーが確保されず、また一般動線だと移動にも時間がかかってしまうという問題が生じてくる。ビジネスジェットを積極的に導入するにあたっては、ビジネスジェット専用ターミナルやビジネス旅客専用のＣＩＱ（税関、入国管理、検疫）体制を整備することが早急に望まれる。

これは特に重要な点である。ビジネスジェットを利用する理由の1つは、できるだけ移動時間を短くして本来の仕事の効率化を最大化するということにある。それにも関わらず、一般客と同じ動線をたどれば、混雑時などはＣＩＱを通過するのに余分な時間がかかることになる可能性があるし[(9)]、日本では、これまで一般の航空輸送がメインであったため、ビジネスジェットのための施設が後から付け足すような形で設けられることになるがゆえに、たとえビジネスジェットの専用施設が設けられたとしても、それが移動動線から考えて最適な場所に設置されているかどうかは問題が残る。

また、プライバシーの確保も極めて重要である。ビジネスジェットの利用者には社会的影響力の大きい人が多い。そのため、そうした人物の動向は、社会的に常に注目され、場合によっては、その人がそこにいるということが知られることによって、様々な憶測が瞬時に流れ、株価の動向など実体経済に即座に影響を与えることになる。それに、実際そうした人々の移動が極めて重大なビジネス・マターに関わることであればなおさらのことであり、当事者としてはできるだけ自分の存在を他者に把握されたくないのは当然のことであろう。

スイスは、今でこそ情報の透明性を徹底せざるを得ないような状況となったが、長らく、金融上の取引における機密情報の管理において高い信頼性を得、その結果として特異な金融大国としての地位を保持してきた。これと同様に、日本もビジネスジェットを利用する層の特質をしっかりと理解・把握した上で、プライバシー保護の強化のための対策を早急に推進する必要がある。

こうした要請に対しては、そもそも総体的にＣＩＱの職員が不足している中、ビジネスジェットのためにわざわざ特別の要員を捻出することに対しても、政府当局の側で抵抗がある。もちろん、こうした要員を増やすことが根本的な解決策であるのだが、そのためにはそれ相応の予算が必要になる。巨額の財政赤字を抱え、将来世代に過度に「不当」な負担がかからないように財政赤字削減のための財政改革を進めようとしている財務省に対して、こうした人員確保のための予算増額を要求することは、よほどの説得力のある言説と、強い政治力がなければ実現できないだろう。とはいえ、これからも国際化がさらに進展し、ＣＩＱ業務にかかる負担が軽減されることはなく、現行のままではその負担はますます大きなものとなっていくだろう。そうであればこそ、この分野においては先端技術の応用によって、人材不足の問題を解決していくことも同時に追求していかなければならない。

現在でも、入国審査・出国検査における自動化は進んでいるが、さらに高度な技術による手続きの精緻さと高速化が求められる。というのは、単に自動化を進めればいいということでもないからである。国際化が進めばすべての国の国民の間の相互理解が進み、国際的な平和が促進されるという考えは、少なくとも現時点では理想論の状態にとどまっているからだ。むしろ、移民の増加による文化摩擦や、賃金の安い外国人労働者の増加によって仕事が奪われるといった地元住民の被害者意識から、政治不安が増幅されている状態であるといっていいだろう。アメリカのトランプ政権、英国のジョンソン政権などのような自国第一主義の台頭は、このことを端的に物語っている。このような状況では、過激な思想が形成、また支持されやすくなり、テロ行為に結び付くことも多くなる。その場合の標的として、航空機や国際空港はその対象になりやすい。したがって、ＣＩＱの機能はますます重要になっているのであり、単に省力化を進めればいいというわけではないのである。極めて高度な識別能力を備えた技術的対応が求められている。

また、すでに述べたように、大都市の混雑空港においては、民間機の定期便が優先され、ビジネス機が使用できるスポット数に制限が設けられている場合がある。また、たとえ駐機スペースを割り当てられたとしても、そこに駐機できる期間が短いという問題がある。

そして、それに関連して、ビジネスジェットの当該空港における発着枠取得のための手続きやＣＩＱの申請手続き等、運航に関する各種申請手続きの簡素化も必要である。

ビジネスジェットを利用する層の社会的信頼性は高い。したがって、こうした層の人々が入国するに際して、不正な物品の持ち込みなどの問題を起こす可能性は、一般の旅客に比べてかなり低いものと考えることができる。そのため、彼らに対する入国手続きをある程度簡略化することはある程度理にかなっている（これに対する反論は本書第4章2節に記載している）。それに、ビジネスジェットの利用者の数は定期便の利用者に比べて限定的なのだから、空港の現場におけるチェックだけに依存するのではなく、情報技術を駆使して出発から到着までの全体の動線の中で管理すればよいのであり、そうした工夫も必要である。

こうして考えれば、ビジネスジェットの普及のためにはCIQの要員を増やさなければならないという議論も、本来は到着地＝「出口」だけの観点ではなく、予約の時点から総合的に考えるべきである。それを可能とするような情報技術における人的識別能力は飛躍的に発展している。

専門家によれば、一度に数千人の識別が可能であるという。このことからは、空港そのもののあり方が近い将来に根本的に変わってくることが示唆されている。つまり、空港でのすべての人的安全性についてのチェックは、AIによる監視機能で賄えるということである。したがって、現在のように、各チェックポイントで旅客がいちいち順番待ちをするようなことはなくなり、空港は現在の鉄道の駅のような、極めて開放的な空間へと変貌を遂げることになるだろう。

（7）墜落事故による小型機の安全性に対する社会的不安感の存在

以下に述べることは、ビジネスジェットというよりも、ビジネスジェットを含むGA（General Aviation）全般についての問題性といえるが、小型機による事故、たとえば調布飛行場や八尾飛行場といった、住宅地の近くにある空港で小型機運行中の事故が起こると、小型機は事故を起こしやすいというイメージを持たれることがある。さらにそこから、小型機が身近で運航されることに対する付近住民の恐怖感が引き起こされ、それがビジネスジェットの運航にも対してもマイナスイメージとして重なり、その普及に対して悪影響を与えかねないということがある。

小型機の安全性の確保、向上の取り組みについては、行政サイドにおいて、小型機の安全対策に取り組む際のインセンティブがどうしても弱くなってしまうという問題もあると聞いている。というのは、大型機と違って、小型機の場合、その運航の安定性、安全性が天候によって左右されやすいため、行政サイドでいかに安全対策を強化しようとしても、最終的には天候次第のところがあるからである。どれほど一生懸命に小型機の安全対策に取り組んでも、天候の急変などによる不可抗力による事故は起きてしまうものであり、その取り組みの成果がはかりにくい。つまり、行政としていくら頑張っても、その努力には限界があるといった、一種の無力感があるとのことだ。とはいえ、小型機に関する技術も今後さらに向上していくであろうし、航行支援システムも技術革新によって高度化していくだろう。政府の継続的な取り組みと、こうした技術進歩に期待したい。

一方、これまでの事故の教訓を受け、個人所有の場合、これまで安全対策が十分な程度、強制的に行われてこなかったことを見直し、個人所有の機体の場合でも、安全対策となる機器は標準装備化されていかなければならない。個人で飛行機を所有するというのは、ただ単に飛行機を購入するだけではなく、そのメンテナンスや駐機料など、かなりの経費がかかるので、そもそもかなりの財力がある人でなければ飛行機を所有できないし、それだけの財力があれば、安全対策に十分なコストをかけることはできるはずである。もしそれができないのであれば、本書で掲げているビジネスジェットの普及の主張にある意味で反することにはなるが飛行機を所有し、運航する権利はないといってもよいのではないだろうか。その場合には、ビジネスジェットを共同所有するなどして安全対策の資金を捻出させるなど、別途方策を考える必要がある。

また、今後は空飛ぶ自動車も実用化されていくだろう。かつては空飛ぶ自動車という考えは夢物語のようなものであったが、今では極めて現実的な話となっている。確かに、新規高度技術の日常的な手段への導入にあたっては、その技術的側面よりも、その変化に対応した社会的規範、法的ルールの改正などの方がむしろ時間がかかることで、その足を引っ張ることの方が多い。空飛ぶ自動車もまさにそのようなケースとなるだろう。空飛ぶ自動車が参入してくれば、3次元における交通流動について安全性を担保しつつ効率的な流れが実現されるようコントロールしていかなければならない。たとえばどの次元の交通モードが運行上優先されるのか、といった問題を解決していかなければならない。そして、このような状況で空飛ぶ自動車が普及すれば、混雑のしかたが複雑なものとなり、前述のようなルールの解釈が少しでもあいまいなままに留まるようなことがあれば、事故が起きやすくなるのではないかと危惧される。そしてその事故の影響も、地上で事故が起こる場合よりもその被害が大きくなる可能性もある。

空飛ぶ車の開発競争は国際的にも過熱化している。日本のトップ・自動車メーカーであるトヨタも2020年1月、空飛ぶ自動車の開発競争に参入することを表明している。自動車メーカーからは、自動運転化などと並んで、今後の自動車産業の新たな市場として大きな期待を掛けられている分野である。当初は空飛ぶ自動車の購入価格はかなり高くなるであろうが、それでも空飛ぶ自動車は、ヘリコプターや小型飛行機よりもより安く購入することができるだろう。それだけ気軽に所有し、「運航」することもできることになると思われる。

空の混雑ということでは、これにさらにドローンが加わってくる。ドローンはもともと軍事的に開発されてきたもので、その開発速度は速く、すでに技術的にかなり高度な水準に至っている。一般の間でも広く普及する過程に入っているといってよいだろう。日本においては、物流面におけるトラック運転手を始めとする労働力不足の問題を受け、特に離島やへき地などに対する物品輸送に関し、ドローンを活用する社会実験が進められている。また、ドローンを使ったタクシー輸送についても実現に向けた取り組みが行われている。

ただ、ドローンに関しても、空飛ぶ自動車同様、安全上、今後解決すべき課題も多い。遠隔操作によるものであることから、ドローンに関しては、空飛ぶ自動車よりもさらに安全上の監督が難しくなる。気候条件に左右されやすいし、遠隔操作において、操縦者が見えない状況でどのようにドローンの安全性を保証するかは難しい問題である。こうしたことから、危険物の輸送や、目視ができない状況においてドローンで輸送を行うことはまだハードルが高い。また、遠隔操作については、悪意のものからの電波ジャックが行われ、本来の物品の輸送という目的から逸脱し、ドローン自体が危険な武器となる可能性もまだ高い(10)。

ドローンを操縦するものの技量水準を保証するためには厳しい免許制を導入するのが効果的ではあるが、すでに安い値段のドローンが発売され、かなり市場で浸透してきていることから考えると、そうした方向にも限界があるように思われる。そこで、ドローンを所有することに対して登録制度を導入することで対処しようという動きもあるが、それによってドローン操縦時の安全性をどこまで担保できるかについては、これも難しい面があるのではないかと思われる。確かに登録制度にすることによって所有者はドローンが事故などの問題を起こさないように注意を払うようになるだろうが、完全に登録制度を行き届かせることは難しいのではないかとも思われる。自動車などと違って、ドローンは低価格で購入できるものが多いので、買い手も、また販売する窓口も多く、その分、脱法的手段による販売も取り締まることは難しいと考えられるからである。

従来の定期航空機、ビジネスジェット、空飛ぶ車、ドローンの間でどのように空の交通整理を行っていくか、さらに陸上交通との関係など、今後行政としては難しい調整を行わなくてはならないものと推察される。

（8）乗員の不足

ビジネスジェットを運航する上で必要な乗員が十分に育成されていないことも問題である。

航空産業では、総じてパイロット不足の問題が深刻である。ＬＣＣの急速な発展は世界の航空市場においてパイロット不足の問題をもたらした。特に日本では、バブル経済期に採用したパイロットが２０３０年に向けて大量に定年退職していく「２０３０年問題」がある。実際に、日本のＬＣＣでは、パイロットが手配できないために一定期間運休する事態が生じてきている。大手航空会社にとっても、パイロット不足のために、路線を増やし、ネットワークを拡大するという基本的な成長戦略がなかなか実施できなくなっている。

こうした事態を受け、国を中心に、パイロットの数を増加させるための様々な施策がとられてきている。

①航空大学校の定員増加

パイロットが今後も不足していくことの対策として、政府は、パイロットを育成する公的機関である航空大学校の定員を２０１８年から１・５倍に増加した。

これに対し、なぜ公的な学校として航空大学校を運営し、公的資金を導入してまで民間企業の人材育成を行わなければならないのかという批判の声もあがってきた。民間企業である航空会社の資源の育成については、国税を投入する必要はなく、航空会社自身で対処させるべきだということである。

この点については、航空輸送は公共的な役割も持つものであり、たとえその運営を実際に担うものが民間企業であったとしても、社会的インフラとしての機能を果たしていることに違いはなく、そのための人材を公的資金で育成することは合理的であると考えることができる。

ただ、パイロットの育成にはかなりの経費がかかることは確かであり（1人育成するのに数億円が必要になる）、そう簡単に人数を増やしていくわけにはいかない。それに航空需要は景気の変動やイベントリスクに大きく左右される。２０２０年に発生した新型コロナウイルスによって世界の航空会社が深刻な経営危機にさらされたことがそのよい例である。このような状況下では、逆にパイロットが余ってしまうことになる。こうした危機的状況がどれだけ長く続くか次第であるが、こうしたリスクがあるために、いくら長期的なトレンドとして航空需要が増勢にあるからといって、大量のパイロットを一気に採用・育成することには、リスクヘッジの観点から、航空会社にとってはやはり抵抗感が大きい。だからこそ、後に述べるように自社で採用・育成することには慎重にならざるを得ず、外部の育成機関にパイロット養成を委ねることになる。当然、航空大学校以外の育成ルートも必要となってくる。

②自衛隊のパイロットからの転職

自衛隊でパイロットとして育成され、活躍したパイロットを、退官後などに民間機のパイロットとして採用することも行われている。

自衛隊では航空自衛隊ではもちろんのこと、海上自衛隊にも哨戒機などのパイロットが活躍している。この中で、特に戦闘機のパイロットの場合には、離陸時などに猛烈な圧力が身体にかかるので、身体的ダメージが大きく、長く乗務勤務を続けていくことはできない。その場合、地上勤務に異動させて、そうした人々に再度、空の上で活躍する機会を与えるのである。

ところが、民主党が政権を担っていた時期、省庁から民間企業への「天下り」が問題とされ、天下りを厳しく制限されるようになった。そして、自衛隊から民間航空会社への移転も「天下り」の一種だと見なされて禁止されたのだ。

確かに、国防のために高額の経費をかけて育成したパイロットが待遇のよさを求めて次々と民間会社に流れるようなことが起こってしまえば、国策として大きな問題である。しかし、自衛隊のパイロットとして現役から退いた人材が、新たに公共性を持つ航空事業において活用することには問題はないだろう。

ただ、それでも実務的問題は残っている。自衛隊におけるパイロットの資格取得のための条件と、民間航空機を操縦するパイロットの資格を取得するための条件が異なっていることである。そのため、現状では、自衛隊のパイロットとして長く活躍した人であっても、民間の航空会社に移籍する際には、副操縦士として、民間の航空機を操縦するための資格要件の足りない部分に関し、訓練を受け直さなければならないことも起こっている。この場合には、自衛隊でベテラン、あるいは上官として尊敬されてきたパイロットが、より若い機長の指導下に入る可能性もあり、自衛隊からきたパイロットにとってはプライドを傷つけられることになる。そこで、現在は、こうした移行がスムーズに行われるように、自衛隊での資格獲得の条件と、民間航空における資格獲得条件の統一化に向けた検討が行われている。

③外国人パイロットの採用

以前から行われてきたことではあるが、国際的に、航空会社間でのパイロットの獲得合戦が激しくなっている。

戦後、日本は敗戦国として、航空の自主権が認められなかった。航空輸送産業は、戦時下においては、その保有する航空機などが軍事転用されることもあり、一種の軍事産業としてとらえられている。そのため、戦後、日本の再軍国化を阻止するために、連合軍は日本に対し、自ら航空輸送を行うことを禁止した。その結果、日本の航空輸送はアメリカの航空会社が担うこととなった。

しかし、そうした状況の中で、アメリカ人のパイロットが泥酔状況にも関わらず操縦を行い、その結果墜落事故を起こすなど、「外国人パイロット」の資質が疑われるようなことが多発した。この時の印象が、後に日本の航空会社が外国人パイロットを積極的に活用しようとする際に、マイナスの要素として尾を引くことになる。

その後、ソ連や、1949年の中華人民共和国、つまり中国の誕生などによって、日本が共産主義化することを恐れた欧米諸国の危惧によって、日本を資本主義陣営に早期に取り込まなければならないとの意図から締結された1952年のサンフランシスコ平和条約の発効に伴い、日本は航空自主権を回復する。これによってJALなど、日本の航空会社が誕生していったが、先に述べたような理由で外国人パイロットをできるだけ採用しないという方針で推移してきた。

後に外国人パイロットの採用を開始しようとした際には、パイロット組合の側から、いざという時のコックピット内での円滑なコミュニケーションが取りにくい、として反対の意向が表明された（ただ、パイロットはそもそも、各国の管制官とのやりとりなど、総じて高い語学力が要求されるものである。確かに国によってはこうしたやり取りにおいて、よくわからない英語を話すことが問題になることもあるが、日本の場合にはそうした問題が生じているとは聞いておらず、どうしてこのような主張が正当化されるのか筆者にはよく理解できないところである)。

さて、実際に外国人パイロットの採用が始まってみると、外国人パイロットを雇うことは、日本での生活費などを保障しなければならないため、航空会社にとってコストが高くつく傾向があることがわかってきた。

また、アメリカの場合、パイロットとしてのキャリアは小型機の操縦から始まるのが一般的である。その後、経験を通じてだんだんと大型機の操縦を担うようになる。こうしたキャリア・プランにより、大型機を操縦するパイロットの給与は年功によって高くなる。

その一方、現在では状況は変わっているが、2010年のJALの経営破綻以前には、日本では多くの大型機(ボーイング747のようなジャンボジェット機)を多数運航させていた。これは、混雑空港である羽田空港の発着枠は供給制約の状態にあり、ジャンボ機により旅客の大量輸送を行わなければならないといったような日本独自の要因があった。こうしたジャンボ機が多数運航されている状況では、アメリカのパイロットを採用する際、大型機を運航させることになると、キャリアを積んだ高給をとるパイロットを採用することになり、非常にコスト高になることになったのだ。これに対して、日本の場合には若い段階から大型機のパイロットの資格取得を求められることになり、年功制の観点からすればアメリカのパイロットほど高い給与を支払う必要はないのだが、同じ機種を操縦するのになぜ給与に格差が出るのかというパイロット組合からの主張から、若いパイロットに対してもアメリカの高給をとるパイロットと同様の給与を保証せざるを得ないことになり、さらに航空会社のコストは高まることになった。

このように、外国人パイロットの採用に関しては、これまでかなりセンシティブな問題を抱えてきた。こうした教訓をもとに、外国人パイロットをどのようにすれば最大限効率的に活用できるかを考えていかなければならない。

④ 航空会社の行う自社養成

航空会社が正社員として将来のパイロット候補を採用し、その後自社内でパイロットとして養成するパターンもある。いわゆる「自社養成」である。採用される側としては、安定した給与の支払いを受けながらパイロットになるための教育を受け、パイロットとしての資格を取得できれば、将来確実に所属する航空会社のパイロットとして活躍できるので、非常に有難いシステムだといえる。

しかも、これまでの自社養成パイロット候補生の採用方法、実績を見ると、理系の学生に限らず、文系の学生にも門戸が開放されており、実際に採用されてきている。こうした点からも、パイロット志望者の間において、自社養成パイロット制度に対する人気は高い。

しかし、常に自社養成パイロットの募集が行われるわけではない。航空会社側としては、うまく養成ができれば、その分確実にパイロットを採用できたことになるが、養成の途中で各種の試験に合格できず、フェイル・アウト（脱落）する可能性がある（フェイル・アウトした場合には、通常は航務や営業など他の職務に就かせる形で雇用は継続させるので、本人がそれによって生活に困るということにはならないのが普通だが、会社としての人員計画が狂うことにはなる。本人も航空会社に残って他の業務で働くインセンティブが低下し、それが労働生産性の低下につながるというリスクもある）。航空大学校で資格を取得後に航空会社によって採用される場合との違いである。

また、パイロットとして独り立ちするまでには時間がかかるし、お金もかかる。どのような育成パターンにおいても、実機やシミュレーターを使用した訓練には極めて高いコストがかかるのだ。それゆえに訓練の途中でフェイル・アウトすることによる損失は極めて大きい。

その一方で、実際にパイロットとして飛び出した時の経済環境がどうなっているかの予測も重要である。現時点では、今後も一定の期間は、経済成長著しいアジア地域を中心として、当該地域に関する路線の増加など、パイロットの需要が高いことは間違いあるまい。ただし、先述のように、新型コロナウイルスのようなイベントリスクによる影響も考慮しなければならない。いつ、どのような変化が起こるかは誰も知り得ないところである。

経済動向の将来予測は、せいぜい1年程度が関の山であり、5年も先のことになると、希望的観測の域を出なくなるとされている。このように、将来の需要が読みにくいなか、民間企業としては、パイロットの自社養成人数を増やすということはリスクの高い行為となる。

さらには、今後ＡＩなどの高度な技術が開発され、社会で応用されていく中で、航空機の操縦も自動化が進んでいくこともほぼ間違いないだろう。少なくとも現在2人体制で臨んでいる運航スタイルも、いずれは1人で十分ということになってくるだろう。それだけでもパイロットの需給関係は近い将来に大きく変化する可能性は高い。ましてや自動操縦ということになれば、パイロット自体が不要ということになり、航空会社の経営のあり方も究極的に変化することになる。

このような様々な要因から、自社でパイロット養成を行うリスクを避けるために、パイロットになるための一定の資格を入社前に自ら取得しておくことを入社条件にする航空会社がＬＣＣを中心に増えてきた。

こうなると、パイロットになろうとする者も相当なリスクを自ら背負うことになる。パイロットになるための基礎的資格取得のための費用を捻出することから始まり、果たしてその資格を無事取得できるかどうかという問題や、その資格を取得したとしても、無事希望の航空会社に入社できるかどうかは全くわからないからである（こうした事情を考慮し、ＬＣＣの中には、資格取得のための資金を貸し付け、資格取得後に給与からその資金の返済を行わせるところもある）。

このように、自社養成の道は志望者にとっては魅力的ではあるが、狭き門であることも確かである。

⑤大学におけるパイロット養成コース

また、近年、日本でもいくつかの大学においてパイロットを養成するコースが開設されてきた（法政大学、東海大学、崇城大学、桜美林大学など）。いずれも航空会社と密接なやり取りを行っており、卒業後スムーズに航空会社に就職できるように取り組んでいる。

しかしながら、独立行政法人である航空大学校の場合と比べて、学費ははるかに高く、経済的負担が大きいものとなる。もちろん、様々な奨学制度は設けられているが、将来に対する不安は大きくならざるを得ない。

また、大学の経営方針次第ではあるが、学生の選考基準も、修業年限4年以上の大学に2年以上在籍し、62単位以上を修得した上、操縦適性検査などの難関を突破しなければならない航空大学校よりも、一般の大学のコースの方が、選考が緩やかなものになりがちであり、その分、実際に教育訓練でフェイル・アウトする可能性も高くなる。つまり、高い入学金・授業料を支払ったにもかかわらず、道半ばでパイロットへの道を断念しなければならない可能性も大きくなる。

このような厳しい状況にもかかわらず、パイロットの資格を取得した人々にとって、社会的評価の高い大手航空会社への就職を志望することは必然的な行動である。彼らにとって、現在、日本では社会的にほとんど注目されていないビジネスジェットの機長になろうとは思わないだろう。

しかし、実際には、高額の運賃が支払われるビジネスジェット事業において、その待遇は大手航空会社以上のものが期待できるところである。

その理由としては、そもそもビジネスジェットは民間の定期航空会社が飛んでいないような飛行ルートを機動的に移動することを可能にするものであるので、その分、定期航空便のパイロットよりも、より高度な技量が求められることになる。むしろ、民間の定期航空会社のパイロットとして十分な経験と実績を積んだパイロットこそが、ビジネスジェットのパイロットとして求められているのだ。トム・クルーズが主演を演じて２０１７年に公開され、ヒットした映画『バリーシール／アメリカをはめた男』のようなパイロットこそ、密輸に携わるという点では異なるが、定期航空会社での技量を買われて危険な飛行を任され大金を稼ぐ、という意味では、ビジネスジェットのパイロットの真の姿を説明するのに格好の例と言えるだろう。

このような実態を一般の人々にも知ってもらうと同時に、ビジネスジェットのパイロットこそ、その技量の高さなどのゆえに尊敬されるパイロットとして目指すべき目標であるという啓発活動を行うことが重要であろう。このようなイメージづくりのためには、先述のような映画など、マスメディアを駆使した取り組みが効果的である。

こうした観点からも、本来ビジネスジェットのパイロットには高給が保証されるはずなのであり、パイロットとしてのヒエラルキーにおいても最上位に位置付けられるべきものなのだ。

ただ、これまで述べてきたように、日本におけるビジネスジェットをめぐる環境は厳しく、どこまでその利益を追求できるかは不透明であり、その結果が反映されるパイロットの給与も同じく想定しがたい。したがって、現時点では、ビジネスジェットについて多少の知識を持っていたとしても、現状では積極的にビジネスジェットのパイロットになろうとする人材が出てくることはそれほど期待できない。

　とはいえ、ビジネスジェットのパイロットを志願する人材が現れてこないと、日本におけるビジネスジェットの普及も難しい。この点において再度強調したいのは、若い人々に対する啓発活動の重要性である。たとえば、第3章2節（1）で述べているように、ＡＢＡＣＥでは、２０１９年4月に上海で開催した商談会において、地元の高校生を招いてビジネスジェットに関する啓発活動を行っていた。こうした取り組みが、ビジネスジェット業界団体を中心に、日本でも積極的に行われていくことが求められる。

　また、ビジネスジェットが普及し、そのパイロットが適切に育成されるようになれば、それは翻って大手の航空会社のパイロットの予備軍として機能することにもなる。それは、現在ＬＣＣを含めた民間航空会社が全般的に直面しているパイロット不足の問題を解決する糸口となるだろう。その意味からも、ビジネスジェットの普及を通してパイロットを多面的に養成していくことが望まれる。

注
（1）事実そういう実態が現状であるという利用者の証言が、２０２０年1月9日に放送されたＮＨＫクローズアップ現代の中で生の声を通して紹介されている。
（2）プレゼンターが「おもてなし」という言葉をボディランゲージの形でゆっくりと示した場面を日本ではプレゼンテーションのもっとも注目すべき演出として取り上げたが、欧米の見方からすれば、相手の理解力が不足しており、それがためにあえてゆっくりと見せつけるようにしているのだといった解釈となる。つまり、ある種侮蔑的行為であり、評価は芳しいものではなかった。これこそ文化の違いであり、国際的なプレゼンテーションを行う上では注意すべき点なのだが、日本人にとってはマスコミの報道によって面白い演出だと広く受け取られたし、結果的に日本が誘致に成功したため、こうした問題点は顧みられることがなく、日本国内では高く評価されることになってしまった。こうした問題については、今後しっかりと検証されるべき場が必要である。

（3）この制度については、海運以外にも漁業対策などでも用いられている。対外的に禁止されている漁場で操業するために、その国の国籍をとった漁船を所有することで、その漁場で操業するのである。また、北朝鮮など、経済制裁の網をかいくぐるために、他国の国籍の船を取得・操業することで、自国では禁止されている貿易などの経済活動を可能にしている。いずれも違法性の高いものである。

（4）総力特集「ジェット&クルーザー完全ガイド」「超効率的な〝時短〟空の旅、ＰＪを駆使する男たち」『ＧＯＥＴＨＥ』幻冬舎、２０２０年1月号より。

（5）同程度の経済力を持つのであれば、同じだけの税を支払うべきであるという考え方。この点について実際の運用では、個々人の所得がどれくらいなのかを把握しやすい一般のいわゆる「サラリーマン、サラリーウーマン」と、それが難しい自営業者、農業従事者との間で納税負担に差が生じており、従来から不公平であるとして大きな問題となっている。

（6）首都圏空港は旅客を降ろす（Drop）と乗せる（Pick Up）だけとし、ビジネスジェット機は駐機スペースに余裕がある地方空港で待機する方式のことをストップ・アンド・ドロップ（Stop and Drop=S&D）方式という。

（7）もちろん、本来は首都圏など、ビジネスジェットの飛来数が多い空港に格納庫が多く設けられることが望ましいが、当面の間、そのようなことは望めそうにない。しかし、将来的には、ビジネスジェット専用空港を首都圏に設けることによって、この問題の根本的解決を図っていかなければならない。

（8）もちろん、このような需要を適切に拾い上げ、航空機の効率的運用を行うのがオペレーターであり、通常ビジネスジェットの所有者はオペレーターにその運用・管理を任せている。ただ、この場合にもオペレーターへの委託管理料が発生することは確かである。

（9）実際にはこうしたＶＩＰに対しては特別の配慮がなされるため、一般客と同様に扱われて時間を大幅にロスすることは考え難いが、それでも欧米のように完全に特別対応をするところに比べれば、入国に関わる時間の面において優位性をもつことは現状では考えられない。

(10) 事実、最近、あるイベントにおいて、ドローンの編隊飛行が行われた際には、リハーサルでは問題がなかったものの、本番では電波ジャックを受けて成功しなかったということがあった。このことに関連していえば、日本政府が保有するドローンの9割が中国製であることに対し、国防上問題があるのではないかという指摘がなされている。

第5章 日本の大手航空会社、および空港のビジネスジェットに対する成長戦略

1 大手航空会社の動き

日本の大手定期航空会社が、現在のように市場において激しい生き残り競争にさらされている状況では、あらゆる利益追求の手段を考慮しなければならなくなっている。そうした取り組みの中の1つとして、最近、ビジネスジェット事業にも関心を示し、自ら事業運営に乗り出そうとしてきている。以前であれば、大手航空会社にとって、ビジネスジェットは全く重要視すべき存在ではなかった。むしろ、ビジネスジェットが普及するような事態となれば、羽田空港などにおける貴重な発着枠がビジネスジェットによって使用されることにより、自社の利益追求の機会を奪われることになるとして、その普及に対して敵対的とまでは言えないまでも、極めて消極的な姿勢を示すのが一般的であった。

その一方で、日本のビジネスジェット業界を統括する日本ビジネスジェット協会のトップにはJALやANAの役員経験者が就任してきた。彼らは、出身母体との関係性、またビジネスジェットをめぐるJALやANAとビジネスジェット業界との間にある環境の違いや、ビジネスジェットに関する両者の

温度差に苦慮してきたものと推察される。

しかしながら、上述のように、昨今では、JAL、ANAのような大手航空会社の間でも、ビジネスジェットの持つ可能性・重要性について認識されるようになり、自社の営業活動の一環として、ビジネスジェット事業を積極的に推進していこうということになっている。LCCとの競争が激しくなるなか、新たな市場の開拓を図り、収益性を向上させることは、大手定期航空会社にとっても、生き残り、そして成長を遂げていく上で欠かせないことになったのだ。そこで、最近、JAL、ANAもビジネスジェット事業に参入してきた。

(1) JALの場合

JALは、日本のビジネスジェットの需要拡大に応えるべく、チャーターフライト手配、ビジネスジェットのオーナーが所有する機体のマネジメント、日本を発着するビジネスジェット向けに運航支援・コンシェルジュサービスなどを提供する新会社を丸紅とともに設立した。2019年春からサービスを開始している。

世界52カ国・349の空港に就航しているJALと、ビジネスジェットに関する知見・ノウハウを有する丸紅は、両社の強みを活かし、顧客に対して最上級のサービス、時間価値を向上させる商品を提供するとしている。

(2) ANAの場合

ANAは、JALに先立つ形でビジネスジェット事業へ進出している。

ＡＮＡは、２０１８年3月にビジネスジェットを活用したチャーター手配事業への参入を発表、同年7月に双日とともに「ＡＮＡビジネスジェット株式会社」を設立した。同年8月には旅行業登録を完了している。株主比率はＡＮＡホールディングス51％、双日49％である。

２０１９年4月からは、ＡＮＡビジネスジェットの利用でマイルが貯まるようになった。グローバルチャーター（日本発着の国際線）1旅程で2万マイル、エリアチャーター（ＡＮＡ便などの定期便で海外を訪れ、そこからビジネスジェットを利用してエリア内を移動する方法）1旅程で1万マイル、国内チャーター（日本国内）1旅程で1万マイルが、搭乗するＡＮＡマイレージクラブ会員に積算される。

ホームページから、ＡＮＡビジネスジェットの料金例について見てみよう。これまでビジネスジェットを利用する人はほとんどいなかったので、果たしてどれくらいの料金がかかるのか、知る機会があまりなかった。そうした中、こうした情報が一般化されて出てくることは、ビジネスジェットの実情を知る上で大いに役立つことである。

１．エリアチャーター

北米3都市を5名で訪問する場合

①ＡＮＡ便　日本→シカゴ

②ビジネスジェット　シカゴ→コロンバス→デトロイト→シカゴ（３区間）

（ア）ＡＮＡ便　シカゴ→日本

約２００万円～

＊エリアチャーターのみの価格で、ＡＮＡ便の運賃は含まない。

＊機材はホンダジェット等の小型機（4～5名搭乗可能）の場合。

2．グローバルチャーター
ウラジオストクを13名で訪問する場合
①ビジネスジェット　東京↓ウラジオストク
②ビジネスジェット　ウラジオストク↓東京
約800万円～
＊機材はボンバルディア製のGlobal 6000等の大型機（約13名搭乗可能）の場合

3．国内チャーター
沖縄・宮古島を8名で訪問する場合
（イ）ビジネスジェット　羽田空港↓下地島空港（宮古島）
（ウ）ビジネスジェット　下地島空港↓羽田空港
約1200万円～
＊機材はセスナ製のCitation Sovereign等の中型機（約8名搭乗可能）の場合

（以上、「ANA-logue」より）

このように、現在ではJALもANAもビジネスジェット事業を行っているが、まだその試みは端緒に就いたばかりであると言っても過言ではないだろう。

ビジネスジェットの場合、それを利用する際に航続距離がどれくらいなのかが問題となる。ビジネスジェットとしてエアバスが提供しているような大型機を保有している場合には、こうした問題は存在しない。しかし、このような大型機をビジネスジェット、あるいはプライベートジェットとして保有できるのは、ビジネスジェットの重要性について理解のある株主を持つ大企業、あるいは富裕層の中でもさらに限られた層になるだろう。

実際のビジネスジェットの売れ行きは8人前後用の機材であり、1回のフライトで航行できる距離もある程度限られてくる。このことから、ある場所までは定期航空便で移動し、その先を機動性の高いビジネスジェットで移動するという需要が見込まれる。そうなると、本業への貢献度も見込まれることから、JAL、ANAがこの市場へ参入するに至ったものと思われる。

ただ、ビジネスジェットを利用するような人々にとっては、あくまでも出発地から最終目的地まで乗り換えることなく移動することがベストである。そのため、乗り換えの便の待ち時間を究極まで短くするなど乗り継ぎをスムーズに行えるようにし、定期航空便と組み合わせてのビジネスジェットの利用がなぜ有利となるのかを、大手航空会社が利用者に対して明確に説明することができなければならない。富裕層の側からすれば、ビジネスジェットからビジネスジェットに乗り換えるという選択肢もあり、費用負担の面で問題がなければ、その方が快適性も高まるはずだからである。

こうした大手航空会社によるビジネスジェット事業が今後、どこまで成績を伸ばしていくことができるのかは大いに注目したいところである。

2　空　港

すでに述べたところでもあるが、日本におけるビジネスジェットの普及を考えるにあたっては、日本の地方空港の受け入れ姿勢の問題も大きい。

日本では、長年、地方空港は地域独占の形で存在してきており、特に努力しなくても当該地方の行政や住民などの関心が薄いことから問題視されることなく、漫然と営業を継続することが可能だった。更にその経営陣も地方行政機関からの天下り人事が多く、とりあえず自分の在職期間中に問題が起こらなければよいという認識から、積極的な経営に打って出ようとすることはなかなか行われてこなかった。

また、空港の経営状況を把握することも困難な状況にあった。空港の維持・運営に関しては空港整備特別会計（平成20年度から社会資本整備事業特別会計空港整備勘定、さらに社会資本特別会計の廃止により経過勘定として自動車安全特別会計に統合）から各空港に資金が振り分けられた。そして、その割当額がどのくらいであるのかは外部から把握できない状態にあった。そのため、地方空港の経営体質が甘いとは言われながらも、現状を変えようと批判する側も、具体的なデータをもとにした批判を行うこともできず、状況を改善する方向に動かすことは難しかった。

ところが、国の財政赤字が巨額化し、財政改革が求められる中、空港の運営についてもその実態を明らかにしようということになり、とりあえず国管理空港の経営状況について試算が行われるようになった。その結果、実際には多くの地方空港が赤字であることが明らかになった。

そこで、国は空港にも経営努力を求めるようになる。空港の維持管理には国の税金も、地元住民が支払う税金も投入されている。それが有効かつ効率的に使用されるべきなのは当然のことである。

こうして、空港の経営努力を引き出すべく、国は様々な形で空港間競争を促す政策を実施していく（最近ではインバウンドの誘客をめぐり、『訪日外国人誘客空港支援制度』として、その努力と成果次第で国が空港に対して助成を行うといった政策支援が行われている。つまり、ただ単に補助金を与えるのではなく、取り組みの努力と成果次第で補助の割合に差をつけるようになっている。いわゆるインセンティブ制度の導入である。こうした手法は、羽田空港の国内線発着枠の配分方式にも採用されている。毎年その取り組みの結果は審査委員会のもとで評価され、その結果によってより手厚く援助されたり、逆に努力が足りないと見なされた場合には、支援が打ち切られたりすることもある）。

このように、空港間での生き残り競争が激しさを増している中、ビジネスジェットを誘致することで自らを特徴付け、収益を拡大していこうとする空港も現れてきている。

（1）成田空港

成田空港は、開港以来、外国からの日本の玄関口として、その存在感を示してきた（そもそも成田空港は羽田空港が発着容量の限界に達したことから、国際線専用の空港として誕生したものである）。しかし、2010年に羽田空港が32年ぶりに国際定期便の運航を復活させ、再国際空港化されたことで、首都圏の空港としての地位を羽田空港と競い合うこととなった。そうした中で、成田空港は、国際空港としての存在感を低下させないよう努力し、その1つの重要な方策として、積極的に経営の多角化を進めている。その代表的なものがLCCの積極的な受け入れであり、そのための専用ターミナル（第3ターミナル）を建設し、運用している。

そして、それと同時に、ビジネスジェットも積極的に取り込もうとしているのだ。その姿勢は、ビジネスジェット専用ターミナルを設定したことに見て取ることができる。ビジネスジェットの受け入れにも積極的に取り組もうという姿勢を具体的に示したのだ。

成田空港は、ビジネスジェット専用ターミナルを２０１２年３月にオープンさせた。

一般的には、ビジネスジェットの専用ターミナルを利用するにはどれくらいのお金がかかるのか、どのような施設なのかはほとんど知られていない。では、実際に、成田空港のビジネスジェット専用ターミナルを利用した際にどれくらいの料金がかかるのか、同空港のホームページから参照してみると表５－１のようになる。

現在、成田空港を利用するビジネスジェットの数はそれなりに増えているが、それはかなりの部分で、羽田空港の発着枠、駐機枠が確保できず、そこからあふれた需要が成田空港に流れたものであるのが実状である。成田空港の場合、やはりビジネスジェットを降りてから最終目的地に向かうまでの移動についてどれだけ利便性の高いものにできるかが、今後ビジネスジェットの需要を取り込んでいくための最大の問題となってくるだろう。そのためには、少なくともビジネスジェット利用客に関しては、すでにビジネスジェット先進国では行われているように、ビジネスジェットの機内で、降機するまでにＣＩＱを行い、到着後、最終目的地まで移動する手段となるであろう自動車も航空機のそばまで乗り入れることができるようにし、利便性の向上、移動時間の最小化を可能にすることが求められる。

現状、羽田空港の場合、ビジネスジェットに割り振られた発着枠は16枠しかない。これについて、地方空港に発着枠の余裕があるので、そちらに分散すべきであるとの主張もあるが、本書で何度か取り上げているように、やはり利用者側の需要をできるだけ優先すべきであり、首都圏、あるいは大都市圏の空港、それが無理であるならば、その近郊において新たなビジネスジェットの受け入れ拠点を早急に開

表5－1　ビジネスジェット機種別の料金表（成田空港）

国際線

機種	条件		着陸料 ＊2	停留料（6時間未満）＊3	ビジネスジェット専用ターミナル使用料 ＊4、＊5	合計
	最大離陸重量	航空機騒音インデックス ＊1				
GLF5	42t	A	65,100円	8,400円	500,000円	573,500円
GLEX	45t	A	69,750円	9,000円	500,000円	578,750円
CL60	22t	A	50,000円	4,400円	500,000円	554,400円
F900	23t	B	50,000円	4,600円	500,000円	554,600円
GL5T	40t	A	62,000円	8,000円	500,000円	570,000円

＊1．上記の航空機騒音インデックスは一般的な区分ではなく、あくまでも参考値。航空機騒音インデックスは、国際民間航空条約付属書16章第1巻第3章（ICAOチャプター）に定められている騒音基準値と各航空機の騒音証明値との差によって決定され、航空機の型式、重量、エンジンの種類、その他の条件によって異なるため、正確な判定には重量及び騒音データの提出が必要。
2．国際線着陸料は、航空機騒音インデックスの区分に応じて設定した料金率（A＝1,550円/t、B＝1,650円/t、C＝1,750円/t、D＝1,850円/t、E＝1,950円/t、F＝2,000円/t）に、最大離陸重量(MTOW)を乗じて算出した額。ただし、その額が50,000円に満たない場合には、最低着陸料50,000円が適用される。
3．6時間以上の場合は、6時間以降24時間毎に、6時間未満の場合と同額の料金が加算される。
4．ビジネスジェット専用施設使用料には別途消費税及び地方消費税がかかる。
5．ビジネスジェット専用施設使用料は到着・出発の両方で使用した場合の料金。

国内線

機種	条件		着陸料 ＊2、＊4	停留料（6時間以上24時間未満）＊3、＊4	合計
	最大離陸重量	平均騒音値 ＊1			
GLF5	42t	86EPNdb	63,200円	7,560円	70,760円
GLEX	45t	87EPNdb	71,100円	8,100円	79,200円
CL60	22t	87EPNdb	34,400円	3,960円	38,360円
F900	23t	87EPNdb	38,900円	4,140円	43,040円
GL5T	40t	85EPNdb	56,800円	7,200円	64,000円

＊国内線ターミナルビルを使用した場合、別途国内線使用料がかかる。
1．航空機の離陸測定点及び進入測定点における騒音値の相加平均値。また、上記の数値はあくまで参考例であり、各航空機の型式、重量、エンジンの種類その他の条件により異なる。
2．国内線着陸料は、最大離陸重量（MTOW）及び平均騒音値によって算出される。
3．6時間未満の停留は無料。24時間以上の場合は、以降24時間毎に、上記と同額の料金が加算される。
4．着陸料・停留料には別途消費税及び地方消費税がかかる。
（出典）成田国際空港ホームページより。

拓し、営業にこぎつけなければならない。このことは、前述のように、先行する欧米の事例に学ばなければならない。

（2）羽田空港

羽田空港は都心部に一番近く、ビジネスジェットの乗り入れ需要は最も高い。しかし、他の箇所でも言及しているように、そもそも発着枠が不足している状況に加え、定期航空便を優先しようとする平等的な考え方が強いために、ビジネスジェットに対してその発着枠を積極的に割り当てようという体制にはなってこなかった。

しかし、そうは言いながらも、国際化が進展する中、東京オリンピックなど大きなイベントの開催に伴い、ビジネスジェットの受け入れも進めていかざるを得ない状況になってきた。したがって、羽田の場合には、消極的なビジネスジェットへの開港と言わざるを得ない面がある。

こうして、羽田空港にも、ＣＩＱ施設を備えたビジネスジェット専用ターミナルが設けられることになる。２０１０年に再国際化してから約4年後の２０１４年9月、羽田空港はビジネスジェット専用施設を開業した。

ビジネスジェット専用ゲートは国際線旅客ターミナルビルのホテル棟（ロイヤルパークホテルが入っている）の1階にあり、24時間運用されている。ビジネスジェットの利用がある時のみ、係員を同施設に派遣している。専用施設内には専用待合室や専用保安検査場、専用ＣＩＱ施設、免税品の予約販売カウンター、専用車寄せなどが設置されている。

このように、確かに羽田空港には専用ゲートは設置されているものの、やはり日本の真の国際的な玄

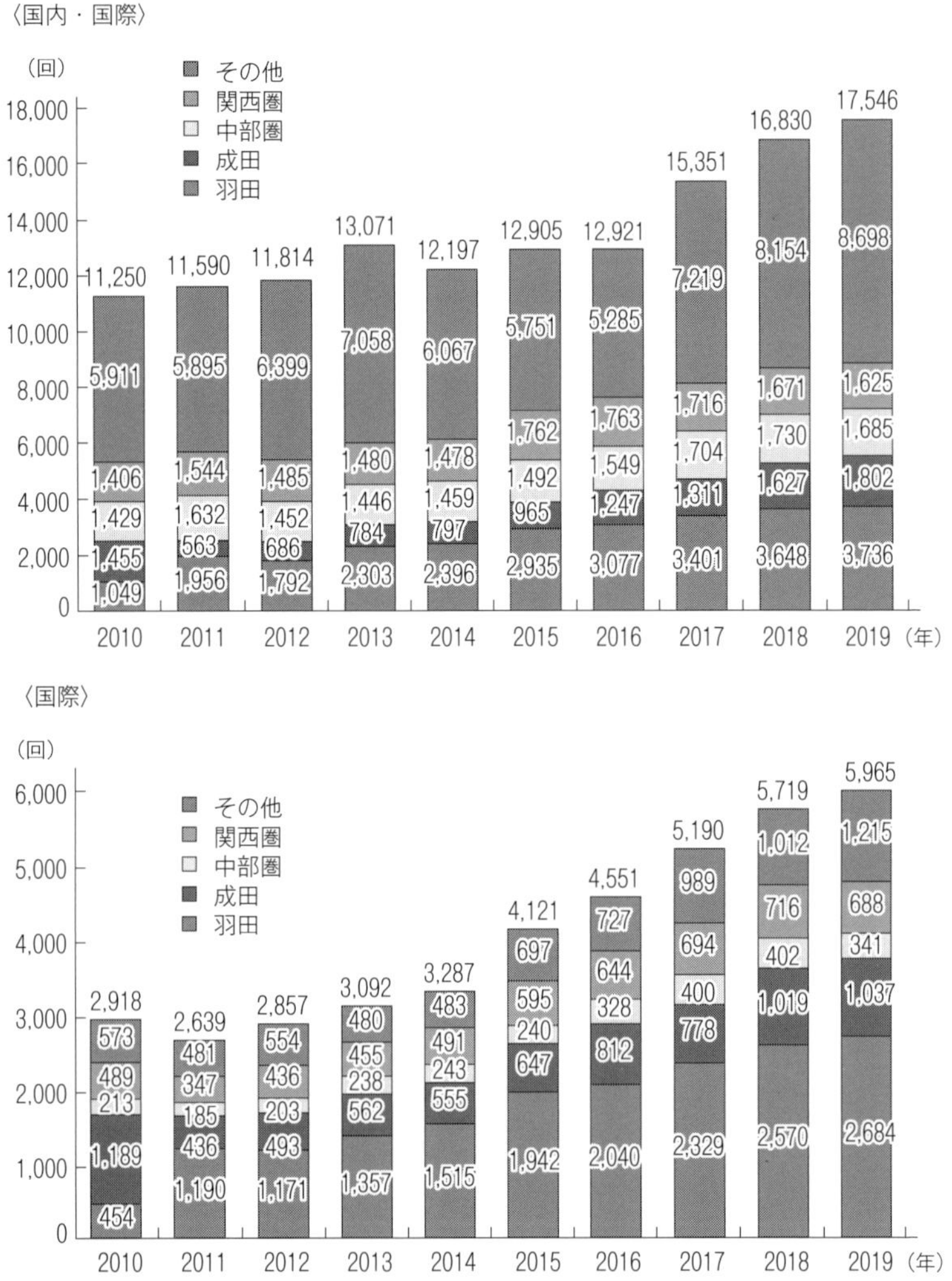

図 5－1　日本におけるビジネスジェットの発着回数推移

（注）中部圏：中部、県営名古屋空港
関西圏：関西、大阪、八尾、神戸空港
（出典）国土交通省資料。運航記録データより航空局集計。

関口としては、ビジネスジェットの取り扱いをより前面に出して取り組むべきであろう。また、都内へのよりスムーズな動線の確保も必要となる。

この段階になると、空港行政だけの話ではなくなる。しかし、これからさらに国際化を進めていくのであれば、省庁間の壁を超えた、国全体が一丸となった取り組みは避けられない。

１９６４年に東京オリンピックが開催された際に首都圏の高速道路は整備された。その当時、まさか今日のように車の利用が進むとは想像できなかった。その結果として、現在、首都高速道路は慢性的に渋滞に悩まされている。

一方、情報技術も格段に進化を遂げ、ＥＴＣ（自動料金収受システム）が導入された。時間帯によって、つまりその混雑状況によって、需要を分散してよりスムーズな交通を実現すべく、利用料金に差をつけて徴収することも可能となった。

しかし、その「差」はそれほど大きなものではなく、慢性的な渋滞状況を改善できるまでの効果は持ち得ていない。より極端な差を設けることを検討しなければならない。

似たようなケースとしては、富士山の入山料（保全協力金）の賦課の問題がある。富士山は日本を象徴する存在であり、日本人の崇拝の対象となってきた。しかし、世界遺産の登録に際しては、自然遺産としては認められなかった。多くの登山客が放置していくゴミの多さが、その認定の大きな障壁となったのである。結果的には文化遺産として登録はされたものの、日本人としては複雑な感情が残ったのではないかと思われる。

そこで、富士山の環境を守るべく、富士山に登る人に対しては、入山料を徴収することになった。徴収といっても、実際には強制ではなく、任意の寄付金として設定された。その結果、徴収率は半分にも達しておらず富士山の環境が改善されたという話も聞かない。やはり強制的に、かつ、かなり高額の入山料を課さなければ事態は改善されないだろう。

世界中からエベレストの登頂を目指すヒマラヤの場合、入域料は数千万円単位に上る。それでも多くの登山希望者が訪れている。このような状況に対しては、ヒマラヤ登山は金持ちしかできないという批判まで出ているほどである。

このことは大きな示唆を与えてくれる。首都圏の高速道路の場合、ピーク時とオフ時の料金格差を極端に大きくすることによって、特にビジネス時間帯のスムーズな移動を可能にすべきである。この場合、生活物資の輸送費にこうしたコストが上乗せされ、生活必需品の値段が高くならないように、公益性の高い物流、つまりトラック輸送などについては減免措置をとるようにすればよい。それだけ現代における時間価値は高いのであり、その価値を金銭換算し、高速道路の料金として設定することが重要であろう。

このようにすれば、たとえ首都高速道路の利用台数は減ったとしても、道路運営会社の総収入は変わらないようにできる。また、これによって一般道がより混雑してしまうという問題が生じるという批判に対しては、そうした事態を予測した自動車利用者が不要不急の自動車の利用を抑制することになり、その結果として地下鉄やバスなどの公共交通機関の利用を促すことになると反論することができる。

このように、羽田空港を利用するビジネスジェットの顧客に対しては、単に羽田空港内での利便性を向上させようとするだけでなく、東京という都市全体のあり方自体を見直し、総合的にその利便性の向上を図っていかなければならない。

羽田空港内の駐機スポット等についても同様である。より高い料金を払うということであれば、その機体の駐機を優先するという考え方も必要だろう。ある時点においては、どの航空機を駐機させるかについて公的な判断は求められようが、空港における利用に関しオークション形式で競争原理を働かせることも検討すべきではないかと考える。

（3）名古屋の空港

名古屋小牧空港、中部国際空港、神戸空港にはビジネスジェット専用動線が整備されており、スムーズな移動が可能である。

名古屋小牧空港と中部国際空港の2つの空港では、ビジネスジェットの動きは２０１８年12％と急増した。2桁成長は２０１５年以来続いている。名古屋の空港には、通常の旅客ターミナルビルとは別にビジネスジェット利用者のための専用ターミナルがあることがユニークな点である。

特に名古屋小牧空港はビジネスジェットの誘致に熱心である。２０１９年４月に上海で行われたアジアにおける大きなビジネスジェットの商談会であるＡＢＡＣＥにもブースを設けて参加している。

同空港の場合、中部国際空港の開港に伴って、同じ名古屋で2つの空港が必要かどうかということで、その存在意義が問われることになった。そうした中、ビジネスジェット取り扱い空港として新たな活路を見出そうとしている。羽田空港の再国際化によって成田空港の生き残りに対する危機意識が高まり、ビジネスジェット専用ターミナルの設置につながったのと同様、競争意識の高まりが利用者、ひいては日本にとってより望ましい結果へとつながっていった好例であるとみなすことができるだろう。

（4）神戸空港

神戸空港については、同空港をビジネスジェットの拠点にする構想が浮上しているとの報道がなされている。(1)

そもそも、神戸空港は関西において非常に利便性の高い位置にある。神戸空港は、モノレールによって、兵庫県の経済的中心市である三宮駅まで直接つながっている。東京から大阪に出張する人の中には、JAL／ANAに比べて割安なスカイマークエアラインズを利用して神戸空港に向かい、そこから移動時間が「読める」モノレールを利用して三宮に行き、大阪都心に向かう層が相当存在する。

このことはビジネスジェットを利用する人々にとっても同じである。ビジネスジェットを利用する人々は、モノレールなど公共交通機関は利用しない。しかし、大阪都心部に容易に移動できる高速道路網を利用できるという利点が神戸空港の立地にはある。このように、移動手段は全く違うにせよ、羽田空港の場合と同様に、阪神高速道路の利便性の向上が実現できれば、神戸空港はビジネスジェット誘致において優位に立つことができるだろう。

特に神戸空港の運営はオリックスを中心とする民間企業体によって行われている。そうであればこそ、他の空港に先駆けた取り組みができるはずである。

（5）静岡富士山空港

静岡富士山空港（以下、静岡空港）は、当初はその建設をめぐって、果たして需要があるのかどうかが問われるほど、賛否両論が分かれた空港であった。静岡市内から遠く離れており、アクセスが悪いことが主に懸念された。また自然環境の破壊につながるのではないかという危惧もあった。

内陸部に空港を作ることは日本では難しくなっている。まずは騒音に関する懸念から、地元住民の了解を得にくいということ、そして騒音対策に多大なコストがかかる可能性があるという懸念がある。また、空港の建設が承認され、建設工事がスタートしても、その過程で建設予定地に天然記念物が生息していることが発見されたり、歴史的遺構が発見されたりすれば、その保護や保全のために、長期間工事が中断されることになる。そうなると、その中断期間についても、人件費などのコストは支払わなければならないため、建設コストは膨れ上がることも覚悟しなければならなくなる。そのため、近年日本では、内陸部の空港を建設することは敬遠されるようになっている。

静岡空港の場合、当初計画では、都心から新幹線で静岡空港まで移動し、そこから各地へ移動するという構想が立てられていた。それを実現すべく、空港の立地は東海道新幹線のトンネル区間の真上に設定されている。

しかし、これはあまりにも楽観的な考えであった。本来、航空会社とＪＲは国内輸送において競合する関係にある。もし、東海道新幹線を運営するＪＲ東海が静岡空港に新幹線の新駅を設け、航空便への乗り継ぎの利便性を考え、多くの新幹線をその駅に停車させることになれば、最も利用者の多い東京―名古屋間、東京―大阪間の利用者の利便性を損なうことになる。なぜならば、静岡空港に停車させる分、移動時間が多少とも長くなるし、ダイヤの編成も難しくなるからだ。常識的に考えて、ＪＲ東海はそこまでして、いわば「敵に塩を送る」ような行為をしないはずである。こうした発想すらもてなかったことに、静岡空港の当初の建設計画の杜撰さはあった。

とはいえ、当初静岡空港をベースとした地元発の航空会社であるフジ・ドリームラインの活躍、そして、２０１２年からのインバウンド観光の積極的な誘致政策により、静岡空港に対する需要は高まり、一転してその存在に注目が集まるようになった。

海外からの旅行客にとって、やはり富士山は日本の象徴としての魅力が高い。これまでは、東京―名古屋―大阪をバスなどで移動する「ゴールデンライン」の中で富士山に接してきた外国人観光客であるが、富士山に最も近い空港から直接アプローチできるというのも、静岡空港を利用する大きな魅力の1つとして浮上してきたのだ。

その結果、静岡空港は大きなビジネス機会をもつまでになった。その一つの選択肢がビジネスジェットの誘致である。

その静岡空港は、現在FBOを設立し、受け入れ態勢を強化、ビジネスジェットの誘致に努めている。日本を訪れる中国を中心とする外国の富裕層は、東京からヘリコプターを利用して富士山見物に出かけることが多い。その価格は相当高いが、それでも需要は高いという。そうであれば、直接静岡空港にビジネスジェットで降り立ち、そこからヘリコプターなどの手段で富士山見物に向かわせるようなサービスを提供すればより大きな利益を得ることができるだろう。なぜなら、既述のごとく、羽田空港など都心の空港は、依然としてビジネスジェットの乗り入れに対して積極的な動きを示しておらず、駐機するのも手続きが煩雑であったり、そもそも駐機スペースに限りがあるからだ。その点、静岡空港はビジネスジェットの乗り入れに積極的に取り組めるだけの環境にある。

実際、静岡空港にはFBOが設けられてビジネスジェットの勧誘に力を入れている。

富士山静岡空港が発行している『富士山静岡空港ビジネスジェット機利用のご案内』から一部引用すると以下の通りである。

「富士山静岡空港におけるビジネスジェット機利用について」

○運航予定日の前月初日から運航当日まで受付可能

○国際ビジネスジェット機は、原則として6泊7日以内の停留が可能

○地元事業者（株式会社フジドリームアビエーションエンジニアリング）によるFBO（航空機運航支援）サービス提供

「富士山静岡空港の魅力」

○首都圏空港に比べて就航便数が少なく、国際ビジネスジェット機の離発着が容易（スロット・スポットに制限がない）

○特定時間を除けば、CIQ手続きが円滑

○約2000台を収容できる無料駐車場

○格納庫があり。機体整備が可能

○ビジネスジェット機の運航を支援する専用施設があり、スポットから専用動線で、出入国が可能（関係機関との事前調整が必要）

○富士山、温泉など、恵まれた自然環境も取り入れた会議の開催が可能

このように、いくつかの空港では積極的にビジネスジェットの受け入れに取り組んでいるが、全般的には、まだまだビジネスジェットについての関心が低いのが現状である。

注

（１）空港を運営する関西エアポートは「神戸空港周辺の未利用地に格納庫や整備拠点を設けられるという点から神戸空港に注目した。ターミナルビルがコンパクトで乗降しやすく、都心の三宮との近さも拠点化にふさわしい」としている。「同社が一体運用している関西空港で、発着が増加している旅客定期便の受け入れに専念できることも利点となる」。

「神戸空港はビジネスジェットであれば国際線でも受け入れが認められている。しかし、ＣＩＱが平日の午前８時半から午後５時までに限られている上、２週間前までに運航を申請する必要がある。そのため、ビジネスジェットの発着はこれまで年10～30回にとどまってきた」（「　」は２０１９年１月20日付神戸新聞）。

なお、神戸空港は２０１２年４月に植物検疫法と家畜伝染病予防法に基づく指定空港に指定され、国際ビジネスジェットの生ごみが空港内で焼却処分できるようになっている。

第6章　ビジネスジェットを国家成長戦略の中に位置付けるには

これまで述べてきたように、今後、国家の成長戦略として、ビジネスジェットの利用者を取り込んでいかなければならないことの重要性を、我々は今一度、しっかりと認識する必要がある。

情報化時代に本格的に突入し、時間価値が急速に高まる中、ビジネスにおける移動時間の削減は欠かせない努力目標となる。テレビ会議やインターネットがいくら普及しても、重要な交渉では相手と直接対面して行う必要があるし、新たな市場開拓において、現地を視察し、その実情を探ることの重要性は、フェイク情報が蔓延している中、ますます高まっている。自分の目で確かめなければならないことがむしろ多くなっている情報化時代だからこそ、移動手段の利便性の向上はビジネス上急務であり、不可欠の要請となっているのだ。

また、ビジネスジェット・ユーザーは、市場において大きな影響力をもっていることが多い。そうした人々が日本にやってくる回数が多くなれば、それだけ日本にとってもビジネスチャンスが広がることになる。その反面、彼らがビジネスジェットを利用して日本に来る際の利便性が悪ければ、国際会議も開かれなくなり、経済的国際競争力も低下することになる。

1　アウトバウンドの振興と起業家精神の育成

第1章において、日本では、インバウンド旅客の数が急速に増加している一方で、アウトバウンドの旅客数が伸び悩んでいる現状について見た。しかし、真の国際化を進展させようとするならば、アウトバウンドの数が伸びていないことの方が、むしろ、より大きな問題であるように思われる。なぜなら、真の国際化を進めるためには、特に若い世代を中心に、異文化に積極的に触れ、自国の文化との違いを体感し、それを糧として多元化、多様性に関する理解と実践能力を身に付けていくことが必要だからだ。

ところが、近年、若者層を中心に、「海外離れ」の現象が起きていると伝えられている。これは、筆者が様々な大学で教鞭をとっている中でも感じられることである。

その理由としては次のようなものが指摘されている。

まず第1に、日本ほど「安全な」国はなく、またインターネットなど情報技術の発達によって、海外の情報が容易に入手できる状況において、あえて危険を冒してまで海外に出かける価値が本当にあるのかといった疑問が若者の間で持たれていることである。しかし、海外からの見方では、日本は東日本大震災のイメージが大きく、地震や原子力発電所の破損による放射線漏れの問題などがあり、むしろ、日本は安全な国であるというイメージを持たない人々はかなり多いといってもいいくらいである。

第2に、言葉の問題がある。日本の国際化を推進するための重要な施策として、語学学習をより実践的なものにし、かつより幼少の段階から語学教育を行おうとする動きが強くなっている。しかし、実際の教育現場では、英語など語学学習に対する抵抗感は生徒の間でそれほど改善を見ることができていないといっても過言ではないだろう。そうした状況の中、先のような情報化の流れも加わって、国内に居ても十分な情報は入手できるのに、わざわざ海外に行って言葉に不自由する状況は避けたいという意識が多くの若者に対して働くものと考えられる。すでに日本は先進国の中でもトップクラスの位置にあり、今更他国に学ぶ必要もない、あるいはそもそも日常生活がある程度安定していて、自己完結している中、新たな行動を起こす必要もない、といった意識があるものと思われる。要は、社会的に見て、個々人の関心領域がどんどん狭くなってきているのだ。

このように人々の関心の幅を狭めてきている要因は、まさに情報化であるといえよう。ネットでの情報は、利用者が自分の興味に応じて選択し、取得していくものとなっている。Ｙａｈｏｏ、あるいは電子辞書を利用する際のことを考えてみるとよいだろう。これに対して新聞や辞書など、紙媒体しかない時には、記事を読んだり、単語を調べようとしたりする段階で、いやおうなく、自分が直接的に関心をもっていることとは関係のない記事・記述を目にせざるを得なかった。その過程で、それまで思いもよらなかった発見や、創造力の発揮が期待できたのだ。こうした機会が多く失われることの社会的損失は大きいといえるだろう。

また、海外の情報はインターネットを通じて容易に入手できるから海外に行く必要はないという見解についても、今後の人材育成、あるいは社会のあり方という点から大いに懸念される。なぜなら、インターネットをはじめとするメディアによって報じられる海外の情報と、現地における実態の間には大きな乖離があることが多いからである。たとえば、中国において日本企業などに対する暴動が盛んに行われているといった報道がなされていたが、実際に現地で生活している日本人に聞くと、それほど深刻なものではなかったということが多い。またネット上にはプロの「煽動屋」がいて、顧客からの要請を受け、あたかも深刻な対立が起こっているように、事実とは異なる情報をネット上に掲載して報酬を得るという職業もあると聞く。だからこそ、正確な理解を求めて、各自が関心のある地域に直接赴いて、自分自身の目で確かめる必要があるのだ。

第3として、そもそも海外旅行をしたいということに対する優先順位が低くなってきていることがある。LCCの登場、路線拡大もあって、海外に行くことは極めて簡単なことになり、それが逆に若者のチャレンジ精神から見て魅力がなくなっている理由の1つではないかと考えられる。そして、海外旅行と競合するような身近なエンターテイメントは数多く存在する。たとえば東京ディズニーランドやディズニー・シーの人気は衰える気配がないし、大阪のユニバーサル・スタジオジャパンも人気が高まっている。それに、もっと手近にできるオンライン・ゲームもある。

このように、いくつもの要因が重なって、若者を中心とするアウトバウンドの停滞現象が起こっているのである。

国が今後も発展を遂げていこうとするのであれば、若者たちに今一度冒険者精神をよみがえらせる必要がある。それは同時に、今一般的にマスコミなどを通じてその必要性が喧伝されている起業家精神の育成にもつながってくるはずである。自己顕示欲は、いい方向に誘導していけば、社会の活性化に貢献することになる。その結果として、起業家として成功し、その証としてビジネスジェットに乗ることが認識されるようになれば、日本におけるビジネスジェットも普及し、その関連産業も発展を遂げ、地域に経済効果をもたらすことが期待できる。

2　シニア層の取り込み

その一方で、現状において元気なのは団塊の世代を中心とするシニア層である。高度成長期に仕事に明け暮れ、十分な休暇をとることができず、自分の好きなことができなかった人々が、バブル経済崩壊後の価値観の変化もあり、一定の貯えもあることから、定年後の時間を積極的に活用し、楽しんでいる。その中でも海外旅行は人気があり、日本のアウトバウンド需要を牽引しているといっても過言ではない。こうした人々は、経済的にも余裕がある場合が多く、実際、世界を周遊する高級クルーズ船の旅は、高額なものほど早く売れていくという。これは航空においても同様で、ビジネスクラスなど、上級クラスを利用した旅の人気は高い。

たとえば、クルーズ旅行は高価格帯の商品から売れている。海外周遊であれば1000万円程度の旅が売れ筋だという。国内であれば瀬戸内海を周遊する「ガンツウ」[1]が有名である。

こうした層は、今後の政策次第では、プライベートジェットの潜在的需要層となることが期待できる。現在、なぜこうした人々がビジネスジェット・プライベートジェットを使わないかといえば、ひとえにそうした存在を知らない、また知っていたとしてもどのようにしたら使えるかといった情報がないからである。したがって、ビジネスジェット、プライベートジェットの存在、有用性、そしてその利用の仕方について広く啓発活動を行うとともに、様々な利用促進のためのキャンペーンなどを行うことが求められる。ABACEのところで触れたように、できれば高齢者層も含め、様々な年代の人々に広く、ビジネスジェット、プライベートジェットの有用性に関する啓発活動を実践すべきである。

3 ＭＩＣＥの振興とＩＲの可能性

現在、国は経済効果の高い観光スタイルとしてのＭＩＣＥ（Meeting, Incentive, Convention, Exhibition and Event、日本語訳としては「会議観光」となる）の振興を図ろうとしている。そして、その一環として、２０１８年７月、ＩＲ整備法（特定複合施設区域整備法）が成立した。

ＭＩＣＥを成功させるためには巨大な会議施設が必要である。また、会議期間中にナイトライフを楽しむことなどができるようにしなければ開催地としての魅力がなく、開催地として選択されなくなる。日本の場合には、大型の会議場が少ないこと、そして、会議に参加するＶＩＰがビジネスジェットの利便性を日本の航空・空港の現状ではうまく活かすことができないということから、日本での会議の開催を敬遠する傾向が出ている。

そうした状況を受け、大型会議施設を新たに建設しようという動きは各地方で出てきている。これは、土木工事を通じて地元業者に直接的な経済効果が見込めるからである。ただ、こうした動きについては、高度経済成長期の発想、いわゆる「箱物主義」的なものとして警戒する必要がある。

この動きと同様なものとしては、バブル経済期においてリゾート振興法（正式名称は総合保養地域整備法、１９８７年制定）の下で全国各地に大規模なリゾート施設がつくられていったことがある。この際には、バブル経済崩壊後、そうした施設が次々と経営破綻、閉鎖されていった。今回の動きは、こうした歴史と重なって見える。(2) ここでは「選択と集中」の志向が求められる。実際、以下に述べるＩＲの候補地は

表6－1　日本の主な国際会議場について

順位	施設名	最大の会議場	
		収容人数（人）	床面積（㎡）
1	東京国際フォーラム	5,012	不明
2	パシフィコ横浜	5,002	4,603
3	シーガイアコンベンションセンター（宮崎市）	3,300	2,603
4	名古屋国際会議場	3,012	2,360
5	福岡国際会議場	3,000	2,700
6	大阪国際会議場	2,754	2,234
7	大宮ソニックシティ	2,505	3,282
8	札幌コンベンションセンター	2,500	2,607
9	国立京都国際会館	1,846	2,040
10	長良川国際会議場（岐阜市）	1,689	1,911

（出典）官邸資料、観光庁資料。

表6－2　諸外国のIRにおけるMICE施設の現状について

国・地域	シンガポール	シンガポール	アメリカ·ネバダ州	オーストラリア
施設名	マリナ・ベイ・サンズ	リゾート・ワールド・セントーサ	MGMグランド	クラウン・メルボルン
会議場・展示場合計面積	119,397㎡	約15,000m2	52,955㎡	18,400㎡
収容人数	45,000人	35,000人	不明	7,000人
最大の会議場面積	7,672㎡	6,000㎡	5,721㎡	1,000㎡
収容人数	8,000人	6,500人	6,120人	1,500人
展示場の最大区画面積	17,190㎡	不明	8,587㎡	1,800㎡
最大収容人数	不明	3,000人	6,140人	不明

（出典）官邸資料。

3か所に絞られる予定である。

そして、現状においてより重要なのは、先にも触れたように、ＶＩＰが来やすい環境を整備することである。その中にはビジネスジェットの受け入れ環境の整備が含まれる。

ＭＩＣＥと密接に関わって来るのがＩＲ（統合型リゾート、Integrated Resort）である。２０１８年7月、ＩＲ整備法（特定複合施設区域整備法）が成立した。

カジノ法案については、当初、２０１１年3月の段階でまとまる方向だったが、東日本大震災の発生によってそれが流れた経緯がある。その後も、カジノの解禁によってギャンブル依存症の人が増加するのではないか、また治安が悪化するのではないか、といった懸念からの反対運動が、ＩＲ誘致を図る地方自治体の住民を中心に行われ、カジノ法の成立、そして候補地の選定を阻んできた。

確かにこうした懸念は一定程度残るものの、ギャンブル依存性の点でカジノを問題視するのであれば、パチンコなど、現存するギャンブルについても同様の問題があることを再認識し、これら既存のギャンブルとどう違うのか、その違いがどういうものであるかということについて精緻に議論し、これらのギャンブルと差別化して禁止しなければならないのか、を明確な指針として示さなければならない。実際、パチンコについては韓国では禁止されている。日本でもパチンコ中毒の問題の深刻さは身近なものとして知られている。特に地方ではパチンコが唯一の娯楽となっているところもあり、そうしたところでは、母親が子供を車の中に残したままでパチンコに熱中し、子供を熱中症で死なせてしまう事件がこれまで何度か発生している。

パチンコのような身近なギャンブルが広く普及しているところでは、カジノのような一種敷居の高いギャンブルが新たに参入してもあまり普及しないという指摘もなされている。

カジノへの入場料を高くとることによって、カジノの利用者数を抑制しようという案も出ているが、その額が安ければあまり意味がない。ちょうど、富士山にあまりにも多くの登山客が訪れることで多量のゴミを排出した結果、世界自然遺産として登録されなかったことの反省から、登山者数を抑制するために、富士山への入山料を1000円に設定したものの、それが「あまりにも低い額」であったがゆえに、効果がなかったといわざるを得ない結果に終わったことと同様である。

この他にも、沖縄の有名な観光地である竹富島が、観光客の増加によって島の自然・生活環境が悪化していることを懸念し、その対策の財源を確保するために、全国初の試みとして、観光客から300円を入島料として徴収することを発表した。2019年9月より実施されている。しかし、その支払いは観光客の任意であり、支払ったかどうかは確認しないこととしている。また、300円という額は非常に軽い負担といわざるを得ず、これによって状況の抜本的な改善につながるかどうかは極めて疑問である。むしろ高額な入島料を課すことによって島に上陸できることを一種のブランド化した方が有効であろう。事実、近年、ヒマラヤでは、エベレスト登山がプロの登山家以外でも登れるような体制になってきたことから、場合によっては1億円以上にも上る入域料を支払わなければならないようになっている。それでも世界からの来域者は絶えない状況にある。

そうだからといって、カジノへの入場料を高く設定すれば、それも問題をもたらすことになる。たとえば入場料を1万円に設定したとすれば、入場者は、少なくとも入場料だけはギャンブルで勝ちたいという気持ちになる。その結果、ゲームにその分だけ「のめりこむ」ことになり、負けることによる損失も大きくなる可能性が出てくるからだ。そして、そうしたことの繰り返しがギャンブル依存へ導いていくことになりかねない。こうした観点からは、カジノの入場料はむしろ無料にした方がいいことになる。

また、カジノといってもそのあり方は一様ではない。少なくとも大きく分けてアメリカとヨーロッパではカジノをめぐる運営について大きな違いがある。

アメリカ型はラスベガスが代表的なものであるが、カジノだけではなく、ミュージカルやリサイタル、ショーなど、様々なエンターテインメントが集積した形である。そこでは、大人がカジノを楽しむ一方で、子供を含むファミリーが楽しく時間を過ごすことができるようになっている。その分、そこで落ちるお金も大きくなる。そして近年では、むしろカジノ以外のエンターテインメントの方が主たるものとなってきている。

こうしたアメリカ型のカジノ施設の運営は、規模が大きく、投資額も大きくなるため、様々な利権も生じてくる。そのため、利権をめぐって関係者の間で激しい競争も行われることになる。

これと同様、大規模な施設を伴うカジノとしては、マカオやシンガポールのものがある。こうした場所でカジノを運営しているのは、アメリカのカジノ運営業者であったり、マカオであれば地元のカジノ運営業者であったりする。ただ、大規模で贅沢なホテル内にカジノの施設が設けれらている点はラスベガスと同様であるが、ラスベガスとは違って、マカオやシンガポールの施設ではあくまでもカジノが中心となっているといってもいいだろう。

日本で現在進められようとしているIRは、このようなものに近い。だからこそ、その利権をめぐって、アメリカのカジノ運営業者などが、その候補地として名前が挙がっている自治体に対して猛烈なアプローチをかけているのもうなずける。

この点、2019年暮れになって、日本でのカジノ事業に参入しようとした中国の企業が、国土交通省のIR担当の副大臣に賄賂を送って、副大臣を含む関係者が逮捕された事件が発生し、大きな話題となった。この中国企業はネット上でのカジノを運営している企業であった。この問題を受け、野党からはカジノはやはり解禁すべきではないという主張がなされている。

しかし、ここで問題となっているのは収賄行為であり、カジノを解禁すること自体はすでに決着を見ていることである。筆者としては、論点のすり替えがあるのではないかと思われる。カジノのあり方自体を問うのであれば、今回の問題とは切り離して、その見直しを図るべきである。

さらに懸念されるのは、当該副大臣が中国の企業から移動の際の手段としてプライベートジェットを提供されたということが問題だとして大きく取り上げられたことである。現在、ホンダ・ビジネスジェットの活躍もあり、やっと日本においてもビジネスジェットに対する社会的認知が高まってきたと思われる状況にある。それにもかかわらず、今回のような報道のされ方よって、またしても以前のように、プライベートジェット、ビジネスジェットが贅沢品だというステレオタイプの見方が人々の間に拡がらないか、非常に懸念されるところである。プライベートジェット、ビジネスジェットの価値は、こうした問題とは全く切り離して考えなければならない。単なる贅沢財ではないのである。

一方、ヨーロッパ型のカジノは、あくまでもカジノを大人の社交場としてとらえようというものである。そのため、大規模な施設を必ずしも必要とはしない。そのことから、経済効果は限定的だと見る向きもある。しかし、上流階級の1つの文化としてカジノをとらえ、カジノを通した交際の場、有力者と知り合うことができる場であると考えるなら、その見方も変わってくるだろう。一種の出会いの場であり、そこでの出会いから新たなビジネスが生み出されていくことも大いにあり得るだろう。そのような社交の場、今様に言えば、投資家と事業家の出会いの場所としてカジノは社会的に大きな意義を持ちうるのである。もちろん、そのためには、カジノがあくまでも紳士・淑女のたしなみであるとの心の余裕を参加者各自が持つ必要がある。

このようにカジノといっても、そのあり方は多様である。日本人が一般的にイメージするのはラスベガスのような大規模なものであり、現在、日本で導入されようとしているＩＲについても大規模投資を伴うようなものを指向している。

しかし、このように現在進められているＩＲについては、特にＩＲによって経済振興を図ろうとしている地方において、どこまで戦略性をもって誘致を行っているのか大いに疑問が残るところがある。新たな市場を設けたいアメリカを中心としたカジノ運営会社任せの開発計画になってしまわないか、という問題がある。確かに、それはそれで経済効果は見込めるものの、自律的発展とは言い難い結果となってしまうのではないかという懸念が残る。

ただ、こうしてできたＩＲがビジネスジェットを活用して集客に努めることは期待したいところである。上顧客である超富裕層に対しては、カジノの側からカジノに送迎する。その手段としては、大手航空会社のファーストクラスを利用することが多いと聞くが、ビジネスジェットを利用することも当然考えられるであろう。つまり、ＩＲの発展において、ビジネスジェットはその重要なインフラの1つとして考えることができる。それゆえ、国策としてＩＲを成功させようとすれば、国としてもやはりビジネスジェットをより利用しやすい環境を整えていく必要がある。

なお、こうした動きの中で、地方でＩＲが推進されればビジネスジェットも当然のようにそれに伴って飛んでくる、という「幻想」がある。しかし、カジノの常連ともなるような富裕層がカジノでプレイする場合には、前述のように、カジノの側がそのためのアクセス手段を提供するのが常である。つまり、チャーター機をカジノ側が用意する、あるいは定期航空便のファーストクラスのチケットを手配して提供するのであり、プレイする側がわざわざ自費をかけてまで飛んでくることはないのだ。

このように考えれば、ＩＲの後発国である日本が成功するためには、相当な戦略と営業努力が必要であるということだ。これまでのようなインバウンド振興政策とは全く違った視点が求められる。富裕層向けのホテルの建設と運営、カジノ以外のレクリエーションの開発、周辺の観光地の受け入れ体制の見直しと強化、医療などの付帯サービスの提供（いわゆる医療ツーリズムとの融合）など、取り組むべき課題は山積している。つまり、関連する部門を総合的にとらえ、横断的な政策を推し進めていく必要がある。

4　ホンダ・ビジネスジェット

ホンダ・ビジネスジェットの展開は、日本においてビジネスジェットが広く認知されるきっかけとなりうる。

航空機を製造することについては、日本が世界でも常に最高の技術水準を誇ってきているのに、なぜ日本の国産航空機を世界市場で見ることができないのか不思議に思われる人もいるのではないだろうか。

確かに過去においては国が民間を巻き込んで総力を挙げて開発に取り組み、完成させたＹＳと言う航空機があった。しかし、世界で主流とはならず、退役を重ね、現在では姿を消してしまっている。そして現在は三菱重工業がＭＲＪ（三菱リージョナルジェット、現在は「スペースジェット」と改名）の開発に取り組んでいるが、最終段階で苦戦しており、最終認可が下りるまでに至っていない。発注者への引き渡しが繰り返し延期となり、発注取消しとなるかもしれないという深刻な事態になっている。(3)

これは、主に第二次世界大戦において敗戦国になったことが影響している。航空機産業は、一種の軍事産業と位置付けられる。戦闘機の開発などに通じるからである。日本は戦時中において世界最高水準の航空機開発技術をもっていた。その代表例が「ゼロ戦」と称される戦闘機である。

戦後処理において、連合国は日本が再軍備を行わないよう、軍事産業を禁じた。その中に航空機製造も含まれていたのだ。

技術開発は、その流れがいったん途絶えてしまうと、簡単にはもとの水準に戻すことはできない。しかも、禁止期間が長くなれば長くなるほど、そのダメージは大きくなる。

さらには、航空機を開発・製造するには莫大な資金が必要である。また新たな技術開発には失敗のリスクも伴うため、民間の力ではなかなか手が出せない領域である。事実、ボーイングにせよ、エアバスにせよ、巨大な産軍統一グループの中で、軍事開発の面から大きな恩恵を受けているものと考えられる。軍事技術の開発においては、コスト採算性は度外視の上での研究開発が行われるがゆえに、新しい技術の開発も促進されることが期待できるからである。

これに対して日本は、サンフランシスコ平和条約締結後、西側諸国の一員として迎えられ、防衛庁が創設されるなど、国防においてある程度の自主権は回復したが、防衛予算に対する縛りは強く、長らくGNP比で1％未満に抑えられてきた。このような状況で、欧米列強国に類するような技術研究・開発を行うことは到底無理な話であった。このような状況の中で、日本の航空機製造は世界に大きく遅れをとることになった。

しかし、個々の部品レベルでは、日本のメーカーの製品が航空機の部品として多く採用されるようになってきた。ボーイングの最新鋭機である787の場合、全部品のうち35％が日本製である。また、787が航続距離を長くすることができたのは機体の軽量化に成功したからであるが、それは日本の東レが開発したカーボン素材を導入することによって可能となったのである。

このように、部品レベルでは、日本は航空機の部門においても世界最高水準のものを供給できるまでに至っている。しかし、それらを統合し、航空機として完結したシステムとして成立させるまでには至っていないのである。

大型機についてはボーイングとエアバスの複占体制はもはや崩すことはできないだろう。そして、ＬＣＣの台頭もあり、航空機の需要は大型機から中小型機へと世界的に移行している。この分野では、ボーイングとエアバスの複占は崩れ、日本のＭＲＪをはじめ複数のメーカーが参入してきている。本来であれば、ここで日本が競争力を持つことができればいいのであるが、先述のように、残念ながらここでも出遅れの感が強い。そうなると、残された可能性としては、ビジネスジェットの市場において、日本的感性を活かした航空機を世に送り出していくことに今後の日本の航空機開発の活路を見出していくべきである。そして、その嚆矢となっているのがホンダ・ビジネスジェットである。

日本を代表する自動車メーカーであるホンダは、そのＤＮＡともなっているパイオイア精神の発露として、航空機の製造にも乗り出した。周囲には無謀な試みだとされ、実際かなりの苦労をしながらも、長い年月をかけて小型ビジネス機の開発を成功させた。しかも、従来になかった発想を取り入れ、それまでにない機内の快適な環境を作り上げた。すなわち、エンジンを翼の上にとりつけることによって、機内空間を広くすることに成功したのである。

その機体デザインも洗練されたものであり、細かいところにも日本のメーカーならではの細かい配慮がなされている。たとえば、飛行機への乗降に使用するタラップであるが、使用せずにドアとして閉めている時には、ちょうどステップの裏側にあたるところにカップ・ホルダーを取り付けている。少ないスペースを最大限活用しようとするところから生まれたアイデアである。

ホンダ・ビジネスジェットは、北米などではすでに多くの機体が販売され、大きな成功を収めている。手頃な値段設定もあり（1機約5億円）、最初に投入されたアメリカ市場において好評を得、好調な販売実績を上げてきた。

その結果、ホンダ・ビジネスジェットの2018年暦年のデリバリー数は37機となり、小型機ジェット機のカテゴリーにおいて2年連続で世界1位を達成した。

海外においてこれだけの成功を収めているのにもかかわらず、同機はなかなか日本市場には投入されなかった。既述のように、日本におけるビジネスジェットの重要性・有用性に関する理解の遅れ、ならびに日本でビジネスジェットを保有するコストが高いことが、日本における販売開始を控えさせるものとなったのではないかと考えられる。

その後、ホンダ・ビジネスジェットは2018年6月からようやく日本での販売を開始した。国土交通省（JCAB）が定める機体の強度や性能、安全性などの基準を機体が満たしていることを証明する型式証明（TC）を2018年12月に取得し、国内で納入できるようになった。そして、2018年12月20日には、「Honda Jet Elite」が日本登録機として初めて顧客へ引き渡された。

日本国内でもビジネスジェットがより多く売れるようになり、使用される頻度が高まれば、そのための部品供給やメンテナンスの需要も増えてくる。航空機製造の場合、航空機メーカーだけでなく、その関連業種の裾野は広く、それだけ航空機の販売が伸びた場合の業界全体の経済効果は大きい。そして、そうした部品メーカーなどが製造拠点を置いているのは安く広大な土地を取得することができる地方が多く、その地方にもたらされる経済効果も大きいものとなる。

さらには、ホンダ・ビジネスジェットが普及することによって、ビジネスジェットに対する日本人の考え方も変化してくることが期待できる。ビジネスジェットがより身近な存在として感じられるようになり、またその有用性が認識されるようになれば、ビジネスジェットをめぐる規制などについても社会全体として考え直すような機運が高まって来るだろう。

これはすでに述べたところではあるが、今後は、自動車業界も「空のビジネス」に積極的に取り組んでいくことが予想される。すでに空飛ぶ自動車は現実のものとなりつつある。ただし、こちらの方は、その運航に対する法整備を今後進めていかなければならず、特に日本のように安全などにおいて慎重を期するような国では実際に市場に投入されるまでに時間がかかるだろう。それに対してビジネスジェットは、自動車製造の技術が今後ますます活かされるべき分野である。そのことはまさにホンダが証明したところである。世界における日本の自動車産業のプレゼンスは依然として極めて高い。この優れた技術力をもって、第2第3のホンダ・ビジネスジェットを開発していってほしい。

5　ビジネスジェットをはじめとする新たな社会インフラに対する投資環境の整備

また、定期便に使われる航空機に関してもそうであるが、ビジネスジェットについても、資産運用の手段として、一般の人々の投資対象として広範に認知され、実質的に投資が行われるようにしていくことも今後重要になってくるだろう。

ビジネスジェットがこれからの社会のインフラとしてきちんと位置付けられるようになれば、それをしっかりと社会全体で支えていくことが必要となってくる。その1つのあり方が、運用されるべきビジネスジェット機の数が増え、より利便性が高まり利用の仕方についての選択肢が増えていくことであろう。より多くの機体が生産されるようになれば、規模の経済性が働き、生産コストやメンテナンスコストも低下し、ビジネスジェットが大衆化の方向に近づいていく可能性も出てくる。

すでにインフラに対する個人投資の道は拓けているので、ビジネスジェットの離発着のための関連施設の設置・運営についても、機体と同様、一般からの投資対象となっていくことが求められる。実際、ビジネスジェットの今後の発展の可能性は、特に日本においては大きい。このことについては十分な啓発活動が必要であるが、こうした将来性をいち早く見通し、その発展に対し投資することがハイリターンを生むような体制を構築しなければならない。

ともかくも、先進国だけでなく、近隣アジア諸国に対しても後れをとっている日本は、ビジネスジェットの普及を早急に果たさなければいけない。取り組みの強化、推進のペースアップを確実にしなければ、日本経済はますます停滞感が強くなり、将来の社会を支えていく体制の構築が難しくなっていくだろう。そのためには、より機動性の高い民間からの協力体制を早期に構築すべきである。そして、ビジネスジェットを普及させるインフラ構築のためのファンディングこそがそれにあたる。これを促進するための税制優遇はもちろんのこと、それ以上のインセンティブをどのような形で提供できるかが重要になる。もちろん、その中で最も肝心なことは、ビジネスジェット・ビジネスが投資の見返りとしてどれだけの収益をもたらすことができるかであり、この点に関しては、政府をいかに説得できるかというロビーイングが効果的に行われなければならない。ロビーイングについては、日本ではあまりいいイメージをもたれていないが、アメリカでは社会的に確立されたシステムであり、日本においてもそのシステムの習熟が求められる。

6　ＭＲＪ（三菱リージョナルジェット）支援のための航空法の改正、および それに関連するビジネスジェットに関わる法整備見直しの強化

すでにビジネスジェットに関する技術規制の見直しの必要性については前項で述べている。ここではＭＲＪとの関係性についても述べておきたい。すなわち、現在航空分野における技術規制の見直しが行われている大きな目的の１つが、日本の久々の国産機であるＭＲＪをいかにして国際市場に有利な形で送り出すかということであるからである。

日本は第二次世界大戦時まで、ゼロ戦など、もともとは高度な航空機生産技術を誇っていた。しかし、第二次世界大戦の敗戦国になり、占領国から軍需産業に結び付く航空製造は禁止されることになる。

その後、ワシントン条約の発効を受け、戦勝国側の対日政策は大きく転換され、その一環として航空製造も認められるようになった。しかし、長期にわたる生産活動の停止は、この間における先進技術の発達から取り残されることになり、この分野における日本の競争力は致命的に低下した。

こうした遅れを取り戻すため、国が主導する形で産業育成がなされていったが、なかなかその差を縮めることはできなかった。

その後、１９６４年には戦後発の国産機としてＹＳが型式証明を取得、国内線向けとして出荷、納入が開始された。しかし、受注を伸ばしていったものの、販売体制の問題などから売上が鈍化し始め、最終的には生産停止となった。

ＹＳに次ぐ国産機として取り組まれてきたのがＭＲＪ（三菱リージョナルジェット）である。

国策として支援してきたＭＲＪは何としても成功させなければならない。そのためには、日本政府は、メーカー国としての法整備の見直しを行う必要があった。

２０１９年６月13日、それまでの名称であるＭＲＪから、「スペースジェット」と改称することが発表された。導入の遅れによるネガティブなイメージを一新するための改称である。

しかし、新型コロナウイルスの影響もあり、三菱重工業は２０２０年10月30日、スペースジェットの事業を事実上凍結する方針を発表した。とはいえ、これで完全に事業を止めてしまうのはあまりにも大きな損失となる。

今後、ＭＲＪはビジネスジェットとしての可能性も追求すべきである。エアバスのような大型機メーカーも、ビジネスジェット用の大型機材を市場に投入している。日本人にとってのビジネスジェットといえば概ね小型機をイメージするだろうが、中東などにおける超富裕層の中には、大型機をビジネスジェットとして利用している人々も存在している。そうした層に対してマーケティングを行っていくことも今後の戦略上の選択肢から外すべきではない。

7　木更津空港の可能性

ビジネスジェットを有効に機能させるためには、先進諸外国のように、ビジネスジェット専用空港を建設・運営することも重要である。これまで述べてきたように、羽田、成田といった首都圏空港では発着枠の供給制約の問題や、民間定期便優先の考え方をなかなか覆すことができないため、このままでいくと、いつまでたってもビジネスジェットの本格的な普及を見込むことはできないからである。

ビジネスジェット専用空港を地方に求めることは、建設コストが安くすむだろうし、場所も確保しやすいだろう。しかし、実際にはその空港に直接飛来する需要はあまりないし、需要が多く見込まれる首都圏への入り口として考えても、そこから首都圏まで移動する手段を新たに確保しなければならない。格納庫をそこに設けても、これも先述のようにカボタージュライトが日本では認められていないため、他の飛行機を利用して国内を移動せざるを得ないし、かりにカボタージュライトが今後認められたとしても、首都圏などに改めて移動する時間がもったいないし、燃料費などのコストも無視できない。このように考えれば、やはり首都圏にビジネスジェット専用空港を設けることが、日本でのビジネスジェットの普及を考える上で何よりも望ましい。

とはいえ、全く無の状態から首都圏に新たにビジネスジェット専用空港の候補地を選定し、建設を進めることは極めて困難であることも確かである。ビジネスジェット専用空港に求められる要件は、何よりも都心部に近いこと、速やかに移動できることである。首都圏だからといって、どこでもいいということにはならない。そうなると候補地は限られてくるし、都心に近ければ近いほど、地価も高くなるし、実際利用できる土地も限られてくる。いかにビジネスジェットがもたらす騒音が技術の進歩によって小さくなったとはいえ、空港が建設されるということになれば、周辺の住民からの懸念が高まり、建設に対する反対運動がおこることはほぼ間違いない。特に首都圏の住民となると、一定の所得水準を上回る中産階級であることがほとんどであり、住環境について敏感であることが多い。日本では空港建設を行う際には、周辺アジア諸国に比べて、周辺住民との合意形成などに要する期間が長くなり、それに伴い建設コストも高くなる傾向が高いが、首都圏におけるビジネスジェット専用空港の建設についても同様の問題がさらにデフォルメされた形で生じてくるだろう。一般の空港とは異なり富裕層を対象とする空港であるがゆえに、その建設の大義について周辺住民に理解してもらうことはかなり困難な作業になることが予想されるからだ。

このような状況を踏まえて首都圏におけるビジネスジェットの運用空港として利用することが可能な候補地を考えるとき、すでにある空港をビジネスジェット空港として転用することが最も現実的な方策ではないかと思われる。そして実際の候補地としては、千葉県にある自衛隊が所有・運営している木更津駐屯地の滑走路が考えられる。

木更津は東京湾アクアラインの開通によって、都心と短時間で結ばれるようになった。その結果、東京湾アクアラインを走る高速バスを使って、木更津方面から都内に通勤している人々が増えている。座って快適に移動でき、しかも時間もそれほどかからないからである。ビジネスジェットを利用することを考えても、都内へのアクセスについては、羽田空港には及ばないものの、それ以外の周辺空港に比べれば優位性をもっていると言える。

また都心に向かうルート上、羽田空港との接続性も高いことも注目すべきである。羽田空港と木更津空港を補完的に利用することができるようにすれば、首都圏におけるビジネスジェットの受け入れ体制はより強固なものになる。

木更津駐屯地については、昨今、米軍機オスプレイの受け入れ可能性を木更津側が表明したことで、その受け入れ条件をめぐる交渉が、政府と地元自治体・住民との間で行われている。オスプレイについては、その構造の特異さ故にか、これまで墜落などの事故が多発しており、その安全性をめぐって不安感が高まっている。そして、その受け入れの可否をめぐって各地で激しい反対運動などが起こっている。たとえば佐賀県では、佐賀空港へのオスプレイの受け入れを検討し、オスプレイを受け入れた場合、それに伴う経済振興策の導入を政府に要請しようとしているが、地元住民の強い反対運動にあい、なかなか進捗していない。

木更津市もオスプレイの受け入れを要請されているが、木更津市としては、オスプレイを受け入れると同時に、木更津駐屯地のさらなる有効活用、地域経済の活性化に結び付けるための1つの方策として、ビジネスジェットの受け入れを考えることができる。それが実現できれば、首都圏にビジネスジェット専用空港が誕生することになり、日本も欧米並みのビジネスジェットの普及に向けた一歩を踏み出すことができるだろう。

注

(1) 国内クルーズの最高級版である瀬戸内海クルーズ船の「ガンツウ」。1泊1室2名利用で40万から100万円だが、非常に人気が高く、予約がとりにくい。

(2) 1980年代後半から90年代にかけて発生したバブル経済下で施行されたリゾート振興法による地方開発は、まさに箱物主義の典型的なものであった。各地に巨大リゾート施設が建設されていったが、その多くは「作る」ことに重点が置かれ、「持続的な経営」のあり方が模索されることはなかった。そして、バブル経済が崩壊すると、それと同調する形で次々と閉園、閉鎖になっていった。

(3) 「日本のビジネスジェット利用がこれまで進んでこなかった理由には、歴史的な背景がある」。JBAA（日本ビジネス航空協会）の北林克比古会長（当時）は、「『経済成長期に航空需要が急増し、しかも首都圏中心の需要に対応するには、発着枠に限界があるなかで機材の大型化をはかる必要があり、定期航空便を優先することが求められた』と事情を説明」。JBAAの副会長（当時）であった佐藤和信氏も、「『第2次世界大戦の敗戦で航空事業が一旦ゼロになり、そこから航空事業を復興するには、とにかく急いで定期便を拡充していくしかなかった』と補足する」。「北林氏は、こうした歴史的背景から、『航空機の運航に関わる空港、発着枠、整備規程など、すべてが定期便を中心に形作られてきたことが、ビジネスジェットの普及を妨げてきた』と語る」（２０１６年7月7日付「ビジネスジェットの基礎知識（1）：市場規模と潜在需要」より）。

おわりに

新型コロナウイルスの影響は想像を絶するものがあり、国際経済はそのあり方を根本から問い直すことを余儀なくされている。しかし、反面からみれば、これは新たなチャンスの到来であるともいえる。この機会に、腰を据えてこれまでの体制の不備を見直し、今後の発展につなげることができれば、今後の持続的発展がより強固な形で実現されていくことになるだろう。

ビジネスジェットは、まさにその重要な見直し課題の1つである。情報化社会における極めて重要なビジネス・ツールとして、また地域振興においても様々な可能性をもたらすものとして、ビジネスジェットのもつ価値を正確に評価し、その普及に向けた取り組みを多角的に行っていかなければならない。そのための視点を本書が提供できたとすれば幸いである。

二〇二〇年一〇月

戸崎　肇

参考文献

井川意高『熔ける　大王製紙前会長井川意高の懺悔録』双葉社、２０１３年。

航空機投資研究会編著『無敵のグローバル資産「航空機投資」完全ガイド』幻冬舎、２０１８年。

佐滝剛弘『観光公害――インバウンド４０００万人時代の副作用』祥伝社（祥伝社新書）、２０１９年。

戸崎肇『観光立国論――交通政策から見た観光大国への論点』現代書館、２０１７年。

中条潮・稲岡研士「ビジネスジェットは先進国の象徴（３）」『ていくおふ』２０１８年秋号、No.153。

日本ビジネス航空協会ホームページ〈https://www.jbaa.org/〉

ハイランド、ジェイソン『ＩＲで日本が変わる――カジノと観光都市の未来』ＫＡＤＯＫＡＷＡ（角川新書）、２０１９年。

東山浩司・戸村智憲『ビジネスジェット・プライベートジェットの世界』社会貢献出版シリーズ、日本マネジメント総合研究所合同会社、２０１７年。

ビジネス・ブレークスルー「もしも、あなたが「ホンダ　エアクラフト　カンパニー社長ならば」」、Real Time Online Case Study〈https://www.bbt757.com/bond/post-events-archive/post-1186/〉

吉田敏浩『横田空域――日米合同委員会でつくられた空の壁』ＫＡＤＯＫＡＷＡ（角川新書）、２０１９年。

索　　引

〈アルファベット〉

ABACE　90
BACE　89
CIQ　18, 129
DMC　17
DMO　16
ETC（自動料金収受システム）　159
FBO（Fixed Base Operator）　45
FSC　15
GA（ジェネラル・アビエーション）　29
IR（Integrated Resort 統合型リゾート）　174
IR 整備法　172
LCC 元年　5
MaaS（Mobility as a Service 交通機関のインターネット化）　63
MICE（Meeting, Incentive, Convention, Exhibition and Event）　25, 172
QOL（Quality of Life）　37

〈ア・カ行〉

エアポート・セールス　14
オーバーツーリズム　21
カボタージュライト（外国人による国内輸送）　65, 114
顧客平等主義　118
コンシェルジェ型人材　101

〈サ・タ行〉

産業の高度化　2
垂直的公平性　106
スミス，フレデリック　55
戦略的貿易理論　82
空飛ぶオフィス　40
空飛ぶ自動車　133
ドローン　134

〈ナ　行〉

ナショナルフラッグ・キャリア（国を代表する航空会社）　81
2030年問題　136
日本型経営システム　2

〈ハ　行〉

ハブ・アンド・スポークシステム（Hub & Spoke System）　55
フライト・シェイム　88
プロダクト・アウト　16
便宜置籍船制度　104
ポイント・トゥ・ポイント（Point to Point）　56
包囲戦略　63

〈マ・ヤ・ラ行〉

マーケット・イン　16
民泊新法　20
横田空域　8
旅客平等主義　107

《著者紹介》

戸崎　肇（とざき　はじめ）

1963年　大阪府生まれ
1995年　京都大学大学院経済学研究科現代経済学専攻博士後期課程修了
　　　　博士（経済学）
現　在　桜美林大学航空マネジメント学群教授

主要業績

『航空の規制緩和』（勁草書房，1995年）
『地域振興と航空政策――モデルケースとしての沖縄――』（芦書房，1997年）
『情報化時代の航空産業』（学文社，2000年）
『1時間でわかる図解日本のデフレ早わかり』（中経出版，2010年）
『航空産業とライフライン』（学文社，2011年）
『観光立国論――交通政策から見た観光大国への論点――』（現代書館，2017年）

ビジネスジェットから見る現代航空政策論
――日本での普及に向けた課題――

2021年1月15日　初版第1刷発行　　＊定価はカバーに表示してあります

著　者　戸　崎　　肇©
発行者　萩　原　淳　平
印刷者　藤　森　英　夫

発行所　株式会社　晃　洋　書　房
〒615-0026　京都市右京区西院北矢掛町7番地
電話　075(312)0788番(代)
振替口座　01040-6-32280

装丁　野田和浩　　印刷・製本　亜細亜印刷㈱
ISBN 978-4-7710-3404-4